KB211310

선교·산업·자립

자립선교
할 수 있다

선교·산업·자립

자립선교 할 수 있다

지은이: 이성로
펴낸이: 원성삼
책임편집: 김지혜
표지 및 본문 디자인: 김경석
펴낸곳: 예영커뮤니케이션
초판 1쇄 발행: 2016년 7월 10일
출판신고 1992년 3월 1일 제2-1349호
136-825 서울시 성북구 성북로6가길 31
Tel (02)766-8931 Fax (02)766-8934
ISBN 978-89-8350-949-9 (93230)

이 도서의 국립중앙도서관 출판예정도서목록(CIP)은 서지정보유통지원시스템 홈페이지(http://seoji.nl.go.kr)와 국가자료공동목록시스템(http://www.nl.go.kr/kolisnet)에서 이용하실 수 있습니다.(CIP제어번호: CIP2016015891)

모든 인간은 하나님의 형상을 닮은 존엄한 존재입니다. 전 세계의 모든 사람들은 인종, 민족, 피부색, 문화, 언어에 관계없이 존귀합니다. 예영커뮤니케이션은 이러한 정신에 근거해 모든 인간이 존귀한 삶을 사는 데 필요한 지식과 문화를 예수 그리스도의 사랑으로 보급함으로써 우리가 속한 사회에 기여하고자 합니다.

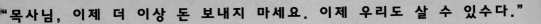

"목사님, 이제 더 이상 돈 보내지 마세요. 이제 우리도 살 수 있수다."

선교·산업·자립

자립선교
할 수 있다

이성로 지음

세계 선교 최초의 성공 사례가 되는 자립 농장은 선교의 표본!

하나님은 사람을 창조하시고 사람에게 땅을 경작하는 산업 활동을 통해 자립형으로 살도록
하셨다. 그리고 그것을 사랑으로 서로 나누며 살도록 만드셨다. 가난을 극복하고 풍성하게
사는 것이 하나님 자녀로 구원 받은 삶을 사는 것이고 복음의 삶이다.

예영커뮤니케이션

사진으로 보는
자립선교

옐브루스 산

옐브루스 산

옐브루스 산, 높이 5,642m

러시아 곡식밭

오세틴 방목

꼼소몰스꼬에 마을과 UN 난민촌

엘호또보교회 건축 부지

엘호또보교회 설립 예배

엘호또보교회 기공식

카프카즈신학교

카프카즈신학교 입당

엘호또보교회 교인들

엘호또보교회 전경

양로원 2007

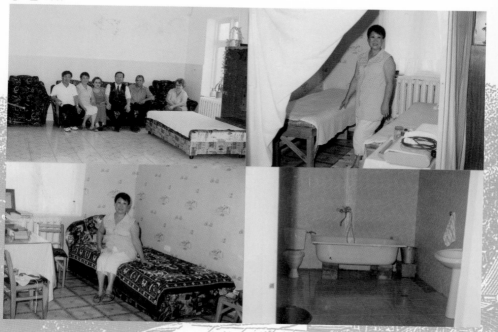

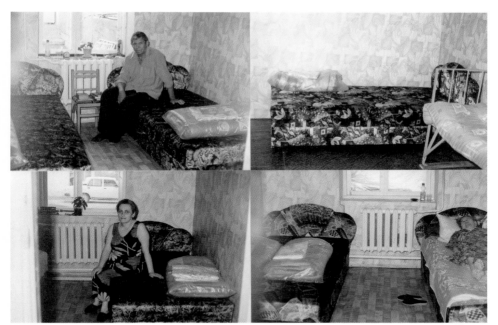

양로원 2007

엘호또보교회 2007

엘호또보교회 세례식

엘호또보교회 양로원

꼼소몰스꼬예교회

헌당 예배

즈메이스까야교회

꼼소몰스꼬에교회

꼼소몰스꼬에

꼼소몰스꼬에 육묘장

오세티아 목축

자립 목축 시작

비닐 포트 재배 시작

육묘장 시작

옥수수 시험 재배　　　　　　　　　　꼼소몰스꼬에교회

무밭　　　　　　　　　　봄 배추 재배 성공

가을 무 재배 성공

김치 배우기　　　　　　　　　　　　송아지 번성

철재 비닐하우스　　　　　　　　　　소똥 버리는 산

꼼소몰스꼬에교회 구관　　　　　　　호박고지

오이 재배 성공　　　　　　　　　　오이 재배 확장

콩 재배 수확

노지 재배 성공

점적호수 농법

비닐하우스 확장 공사

가을 오이 재배

포트 이식

가을 배추

태양초 고추 성공

겨울 농사

우량 싹아지

창세기 1장 11~12절

וַיֹּאמֶר אֱלֹהִים תַּדְשֵׁא הָאָרֶץ דֶּשֶׁא
עֵשֶׂב מַזְרִיעַ זֶרַע עֵץ פְּרִי עֹשֶׂה פְּרִי
לְמִינוֹ אֲשֶׁר זַרְעוֹ־בוֹ עַל־הָאָרֶץ וַיְהִי־כֵן׃

וַתּוֹצֵא הָאָרֶץ דֶּשֶׁא עֵשֶׂב מַזְרִיעַ זֶרַע לְמִינֵהוּ
וְעֵץ עֹשֶׂה פְּרִי אֲשֶׁר זַרְעוֹ־בוֹ לְמִינֵהוּ וַיַּרְא
אֱלֹהִים כִּי־טוֹב׃

신명기 15장 4~5절

אֶפֶס כִּי לֹא יִהְיֶה־בְּךָ אֶבְיוֹן כִּי־בָרֵךְ
יְבָרֶכְךָ יְהוָה
בָּאָרֶץ אֲשֶׁר יְהוָה אֱלֹהֶיךָ נֹתֵן
לְךָ נַחֲלָה לְרִשְׁתָּהּ׃
רַק אִם־שָׁמוֹעַ תִּשְׁמַע בְּקוֹל
יְהוָה אֱלֹהֶיךָ לִשְׁמֹר לַעֲשׂוֹת אֶת־
כָּל־הַמִּצְוָה הַזֹּאת אֲשֶׁר אָנֹכִי מְצַוְּךָ הַיּוֹם׃

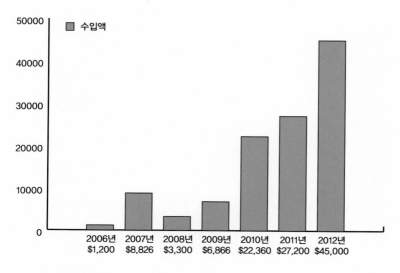

년도	2006년	2007년	2008년	2009년	2010년	2011년	2012년
	실험 기간				수익 올린 해		매년 310불 현금 수입
내용	선교비 생활비 매월 100불	소, 오이, 옥수수, 무, 배추 재배 실험 성공	예배당 건축 즈미스까야 꼼소몰스꼬에	봄 배추, 김장배추, 무 재배 성공	① 피클 오이 ② 옥수수 ③ 무(봄, 가을) ④ 배추(봄, 가을) ⑤ 상추 ⑥ 고추		⑦ 가지 ⑧ 파프리카 ⑨ 스페클라 ⑩ 카베츠 ⑪ 토마토

선교지 자립 농장 그래프

카프카즈문화원

필리핀 시험 재배 성공

그레이스대학 학위 취득

대학원장과 함께

줄리안 박사님과 함께

자립선교의 기초

　이 책은 이성로 목사님이 러시아 엘호또보라는 작은 도시에 교회를 개척하고 신학교를 세우면서 시작된 러시아 선교를 자립선교의 중요성과 전략 면에서 현실감 있게 논구하였다. 새로운 신생 교회들이 만들어지고, 자립을 위한 자립 농장 등 구체적인 일들이 성공적으로 이루어지고, 현재 24개 교회가 설립된 과정들이 소상하게 설명되면서 선교의 살아 있는 역사를 기초로 해서 자립선교의 탄탄한 이론이 논술된 것이 이 책의 큰 장점이다. 역사적으로 독일 경건주의자들의 헤른후트 공동체의 선교 전략과 가나 선교의 선교 전략 등을 연결시켜 설명한 것도 큰 장점이다.

　한국 교회가 세계 선교의 중요한 책임을 맡고 있는 이때에, 어떻게 선교하는 것이 가장 바람직한지를 모든 교회들이 찾고 있는 오늘의 한국 교회의 정황에서 매우 요긴한 글로서 한국 교회에 큰 도움이 될 것으로 보인다. 세계 선교를 계획하는 교회들은 선교를 시작하기 이전에 먼저 이 책을 읽어 보는 것이 세계 선교에 좋은 도움이 될 것이다.

장로회신학대학교 총장 김명용 박사

자립정신의 실천적 사례

전쟁에서 승리하기 위하여 용감한 군인, 후방의 지원 그리고 적절한 전략이 필수적이듯이, 성공적인 선교 사역을 위해서도 좋은 선교사, 선교 후원 그리고 선교 전략이 필수적이다. 세계 복음화를 위하여 남다르게 뜨거운 열정을 가진 한국 교회는 1988년 올림픽 이후 파송 선교사의 숫자가 급증하고, 선교 후원비가 급증해 왔음에도 세계 선교 역사에 내놓을 만한 선교적 성과가 없었다. 그 이유는 적절한 선교 전략 없이 선교를 해 왔기 때문이다. 이것은 네비우스 원칙의 적용과 실천으로 성장한 한국 교회의 아이러니이다.

그러나 역사적으로 보면 해방 전후에는 그렇지 않았다. 중국 산둥성 선교나 태국 선교의 사례를 보면 해외에 나간 한국인 선교사들이 자립 정신과 협력 정신을 가르치고 실천하였다. 그런데 서울올림픽 이후 한국 경제가 급성장하고, 한국 교회가 급성장하면서 개교회 차원에서 선교사들을 경쟁적으로 파송하고 전략 부재의 선교가 무비판적으로 유행병처럼 퍼져 나갔다.

이러한 상황 가운데 이성로 목사님의 자립선교 연구는 한국 교회 선교 발전에 참으로 귀한 연구이다. 자립선교에 관한 선교 이론과 역사적 자료들은 꽤나 있다. 그러나 한국 교회가 선교 현장에서 실제로 적용해 보고 실천한 사례를 분석정리한 자료는 거의 없다. 현재 2만 명이 넘는 한국인 장기선교사들이 매년 수백만 달러의 선교비를 사용하면서 다양한 선교 사역을 하며 세계 복음화라는 목표를 달성하기 위하여 엄청난 수고를 하고 있는데 이 책은 정말 요긴한 자료가 될 것이다.

나는 이성로 목사님이 논문을 쓰는 동안 여러 번 만나서 선교 현장 경험 이야기를 들으면서 흥분하였다. 한국 선교 발전에 너무나 중요한 이야기였기 때문이다. 그래서 나는 선교학 강의에 초대하여 신학대학원 학생들에게 특강할 기회도 가졌고, 선교지 교회의 자립을 돕기 위한 다른 여러 가지 방안을 논의하기도 하였다.

선교지의 대부분은 너무나 가난하다. 땅을 파서 먹고사는 농사 지역, 짐승을 길러서 먹고사는 유목민 지역이 많다. 이런 지역에 들어가는 선교사들, 이들을 후원하는 교회나 선교단체는 반드시 이 책을 읽어 보라고 권한다. 물론 이 책은 러시아 카프카즈 지역에서 이루어진 특수한 사례지만 각자의 선교지에서 발견하고 적용가능한 자립선교 전략, 산업화 전략을 마련하는 데 많은 영감을 줄 것이다. 이 책이 널리 알려지고 읽혀짐으로 세계 복음화를 향한 한국 교회의 열정과 노력이 알찬 열매로 나타나기를 간절히 소망한다.

한걸음 더 나아가 해외 선교지에서 사역하는 선교사들을 구체적으로 돕기 위한 "선교지 교회 자립을 위한 기술학교" 같은 것을 세워서 농사기술, 목축 가공 기술, 목공예 기술, 양어장 기술, 신용협동조합, 비즈니스 네트워킹 그리고 자립선교의 사례들, 자립선교를 위한 선교신학 등을 강의하고 배우는 기회를 마련하면, 보다 구체적으로 선교사들에게 영감과 도움을 주고, 한국 교회의 선교를 발전시킬 수 있지 않을까 생각한다.

장로회신학대학교 선교학과 교수 남정우 박사

하나님이 바라시는 선교

　　예수님의 최후의 명령은 **"땅 끝까지 이르러 내 증인이 되라."**는 것이다. 그 명령을 받은 제자들과 초대교회에 의해 온 천하에 복음이 전파되었고 그 결과로 세계 도처에 그리스도의 교회가 세워지게 되었다.

　　에밀 브루너 교수는 **"교회는 곧 선교다. 불이 붙는 것으로 존속하는 것처럼 교회는 선교로만 존속한다."**라고 말하고 있다. 세계 선교를 위해 1990년대 초 구 공산정권인 중국과 구소련이 문호를 개방하게 될 때 영등포노회 산하 몇몇 교회 목회자들을 중심으로 성령의 역사하심에 따라 무신론 국가를 상대로 복음을 전하려는 움직임이 일어나게 되었다. 이에 동서선교회가 조직되어 20여 년 동안 중국과 러시아에 100여 개가 넘는 교회와 신학교를 세우고 러시아에는 카프카즈 노회를 만들어 선교하기에 이르렀다. 이를 위해 선교 현지에 신학교를 건축하고 교회당을 세우는 일 등을 위해 교회나 개인 그리고 선교단체에서 보내 주는 선교비만 의존하는 의존형 선교를 진행하다 보니 '한강에 돌 던지기 식'의 선교가 되어 여러 가지 많은 난관에 봉착하게 되었다. 그래서 기도하던 중 선교의 주인이신 하나님이 바라시는 선교는 의존형보다 자립형 인간과 교회를 세우는 자립선교라는 것을 깨닫게 되었다.

　이성로 목사는 자립선교를 위해 러시아 선교지에 엘호또보교회와 꼼소몰스꼬에교회를 세우고 자립 농장을 세워 매일 100-300달러 수입을 내도록 해서 현지 교회의 자립을 돕고 있다. 이성로 목사의 논문을 통해 구체적으로 자립선교의 길을 선교의 주체이신 하나님께서 알려 주심에 감사드린다.

　이 책을 통해 세계 선교가 자립선교를 통해 더 많은 선교의 열매를 맺게 되기를 바라며 이 일이 이루어지기까지 거의 15년 동안 수고하신 이성로 목사와 기도와 물질로 후원해 주신 구로제일교회 성도들에게 감사를 드린다.

동서선교회 회장 이상운 목사

씨 뿌리는 선교

"**목사님! 이제 더 이상 돈 보내지 마세요. 이제 우리도 살 수 있수다. 이 선교사님께도 더 이상 돈을 보내지 말라고 했습니다.**" 이 말은 러시아 현지 교회 담임 전도사인 최 전도사가 2009년 6월 필자가 러시아 교회를 방문할 때 한 말이다.

구로제일교회는 "일천 원 선교헌금"을 실시하여 선교비를 모은 다음 2000년 11월 러시아를 선교지로 정하고, 현지에서 선교사로 사역하는 이소영 선교사와 동서선교회 회장 이상운 목사님을 통해 소개받은 러시아 카프카즈 지역에 있는 엘호또보(Elchotovo)라는 도시의 현지 답사를 통해 개척 예배를 드리게 되었다.

당시 러시아는 고르바초프의 개방 정책(페레스트로이카)으로 공산주의가 무너져 74년간 국민들에게 공급하던 무상 배급을 줄 수 없을 만큼 어려운 상황이었다. 무상 배급으로 생활하던 주민들은 배급의 중단으로 절대 빈곤에 빠져 있었고, 가난에 고생하는 러시아인들을 보고 필자는 너무 불쌍해 눈물을 흘리지 않을 수 없었다. 예수님께서 무리를 보고 불쌍히 여기사 4천 명을 먹여서 보내시던 마가복음 8장의 상황을 목격하며 "만일 내가 그들을 굶겨 집으로 보내면 길에서 기진하리라."는 말씀을 가슴으로 느끼는 시간이었다.

이들에게는 예배 드릴 공간이 필요하고 성경과 신학을 공부할 수 있는 강의실, 가난한 노인들을 돌볼 수 있는 양로원이 필요하다고 판단되어 신학교 강의실과 예배당 그리고 양로원을 건축해 주었다. 현지인들은 그 공간에 모여 예배 드리고 성경 공부, 세미나, 수련회, 부흥회를 통해 크게 은혜를 받으며, 받은 은혜를 가지고 여러 지역으로 흩어져 11개 교회를 스스로 세웠으며, 현재는 24개 교회로 확장되었다.

필자는 이들이 복음을 통해 구원 받은 기쁨으로 하나님의 뜻을 따라 살면서 가난을 극복하고 풍성하게 사는 삶을 살 수 있는 길을 고민하게 되었다. 그리고 자립하여 살기 위해서는 무엇이 필요할까를 관찰하는 중에 매우 중요한 한 가지 사실을 발견할 수 있었다. 러시아는 추운 겨울이 길어 그들이 먹고사는 채소가 귀하고, 그 값이 고가라는 것을 알게 된 것이다. 필자는 어려서부터 신학교를 다닐 때도 한편으로 농사를 지어가면서 공부한 경험이 있던 터라 이러한 사실은 이들의 문제를 풀기 위한 매우 중요한 부분이라고 생각했다. 농사의 경험이 있던 필자의 눈에는 촉성재배로 일찍 출하하면 수익을 낼 수 있을 거라는 미래가 보였다. 또한 오세티아 주에는 목축업이 주된 산업이기 때문에 채소 농사가 없음을 발견하게 되었다. 이러한 사실을 알게 된 필자는 가슴이 설레었다. 필자가 가지고 있는 농업 지식으로 이들의 자립 농장을 개척할 수만 있다면 하는 희망이 마음에 자리 잡기 시작하였다. 그리고 저들의 가난한 삶이 풍요로운 삶으로 변화되고, 가난의 고통을 덜 수 있는 길이 되었으면 하는 일념 뿐이었다.

이러한 생각으로 필자는 한국 흥농종묘사에 있는 최고 품질 채소인 배추, 무, 옥수수, 가지, 토마토, 오이, 고추, 파프리카 종자를 구입하여 시험 재배토록 하였다. 4년의 기간을 통해 모두 재배에 성공하는 쾌거를 이루었으며, 고품질의 농산물은 2008-2009년 판매가 되어 7-8천 달러의 수익을 얻기도 하였다. 또한 비닐하우스를 지어 촉성재배를 한 결과, 매일 100달러 정도의 수입을 얻을 수 있게 되었다. 이러한 과정을 직접 진행하게 된 최 전도사는 어느 날 필자에게 "목사님! 더 이상 돈을 보내지 마세요. 우리도 살 수 있수다."라는 말을 하였다. 사실 이 말은 후원 교회로부터 후원을 받는 선교지의 목회자가 쉽게 할 수 있는 말은 아니다. 왜냐하면 이 말은 곧 자립으로 살 수 있다는 말이기 때문이다.

2009년에 선교지를 방문한 동서선교회 회장 이상운 목사는 러시아의 자립선교 농장의 작황과 성공 현장을 보고 "선교지의 이런 자립 농장의 성공은 세계 최초다."라고 칭찬을 해 주셨다. 또한 이 이야기를 들은 필자의 은사인 맹용길 박사는 "이것이 얼마나 중요한 일인지 아느냐? 이것은 선교사들에게 꼭 필요하고 아주 중요한 일이야. 이 목사가 학위를 포기한 것을 내가 잘 알고 있으나 이렇게 중요한 일을 가르쳐야 하므로 학위가 필요해. 빨리 미국에 가서 박사학위 과정을 통해 좋은 논문을 쓰고, 학위를 받아 선교사들에게 가르쳐."라고 조언을 해 주시며 선교학 박사를 잘 길러 내는 미국 인디아나 주에 있는 그레이스신학대학원(Grace Theological Seminary)에 대한 정보를 알려 주셨다. 필자는 은사의 조언에 따라 F-1 비자를 받아 그레이스신학대학원의 석·박사 통합 과정에 입학을 하게 되었다.

  학기가 시작되고 2주째 강의가 선교전략학(The Strategy of Missiology)
이었는데 교수님은 프랑스에서 27년간 선교 사역의 경험이 있는 유명
한 줄리안(Jullien) 박사이다. 강의 내용은 본래 교회와 선교는 하나였는
데, 종교개혁 후 두 개가 나뉘었지만, 이제는 다시 교회와 선교가 하나
가 되어야 한다는 것으로, 선교는 씨 뿌리는 선교를 해야지 나무를 옮겨
심는 선교를 하면 많은 문제가 생긴다는 내용이었다. 교수님은 우리에
게 무슨 사역을 하는지 물으시고, 특히 선교 사역에 대하여 어디에서 무
엇을 어떻게 하였는지를 세밀하게 물으셨다. 필자는 '한국의 서울에 있
는 구로제일교회 담임 목사로 목회하고 있다. 본 교회에서는 러시아를
선교지로 정하고 엘호뜨보교회를 개척하고 후원하였다. 현재는 그들이
스스로 전도하여 교회가 24개로 부흥하였고, 공산주의가 무너지고 배
급이 중단되어 가난하게 사는 그들의 모습이 불쌍하여 농업 지식을 나
누어 주어 자립 농장을 개척하였다. 지금은 매일 100달러의 현금 수익
과 김치를 만들어 2차 산업의 수입도 내고 있는 선교지 현황을 소개할
수 있는 단계에까지 이르렀다.'는 내용을 필자는 줄리안 교수에게 설명
하였고, 이 말을 들은 교수는 깜짝 놀라며 "대단히 좋은 샘플(Very good
sample)이다. 당신은 놀라운 사람이요(You are Amaging man)."라는 칭찬을
해 주시면서 수강생들이 너무 잘하고 있기 때문에 더 이상 가르칠 것이
없다며 금요일 오전 강의를 마치시고는, 오후에는 기숙사까지 찾아와
칭찬과 격려를 아끼지 않으셨다. 교수님은 필자가 2013년 5월 11일 오
전 9시에 졸업식을 하고 학위증을 받고 여러 동료 박사들과 사진 촬영

을 하는 곳까지 찾아오셔서 "학위 받은 것을 축하합니다."라는 말씀을 해 주셨다. 필자를 잊지 않고 기억하시며 격려해 주신 것이다.

　학기 3주째에 필자는 "사도행전적 선교" 강의를 통해 현재 세계 선교의 모델인 미국 모델과 한국 모델의 선교에 대해 배움을 가졌다. 미국 모델은 미국의 여러 교회가 선교비를 중앙선교부에 보내고, 선교부에서는 선교사를 인선, 훈련, 전략을 세워 선교지를 선정한 후 파송한다. 파송 후에는 사역을 위해 선교사 6명당 행정선교사 1명을 보내 모든 사무를 돌보고, 선교비는 1가정당 1만 1천 달러이며, 독신 선교사는 6,600달러를 후원한다. 즉 미국 선교는 선교부가 선교전권을 수행하는 시스템이다. 그러나 선교사들이 선교 현지에서 부자로, 귀족으로 사역하기 때문에 현지인들과 커뮤니케이션(Communication)의 문제 등이 많이 발생한다. 한국 선교 모델은 선교본부보다는 선교사와 개교회가 직접적으로 파송하고 후원을 한다. 매월 2천 달러의 생활비와 활동비 얼마를 보내고 선교사도 선교본부보다는 후원 교회에 선교 사역을 보고한다. 그래서 선교 보고를 잘하면 후원이 더 많이 가는 시스템이다. 그래서 만약 선교사에게 문제가 생기면 교회가 이를 감당하지 못하는 어려움이 있고, 선교지에서 동료 선교사들과의 갈등도 심하다. 다시 말해서, 선교본부의 지휘 감독 전략이 없는 선교를 하는 것이 현실이다.

　이 두 가지 선교 모델은 모두 문제를 가지고 있기 때문에, 선교학회는 이상적인 모델을 자비량 선교에서 찾고 있다. 자비량 선교가 중요하게 부각되고 있는 시점에서 러시아 선교지가 자립 농장을 개척하여 매일 100-300달러의 수익을 내는 자립선교의 새 모델이 되고 있다는 것을 필자는 알게 되었고, 이러한 사실을 접한 사람들이 함께 기뻐하는 것을 보게 되었다. 그리고 졸업식 후에 박 교수님을 통해 미국신학교협의회(ATS: Association Theological School)에 가입된 우수한 학문적 논문을 썼다는 칭찬을 받으면서 자립선교의 중요성을 다시금 깨달을 수 있었다.

본서에는 4지역을 중심으로 한 실제(Practical)적 현장 연구를 하였다.

첫째, 한 알의 씨앗을 뿌린 것처럼 엘호또보교회 하나를 세웠는데 24개로 스스로 확장된 사실이다.

둘째, 교회 자립을 위해서 매일 100-300달러의 수입이 되는 농업기술이 있는 촉성재배의 자립 농장이 성공적으로 진행된 사실을 다루었다.

셋째, 김치 제조 판매라는 산업을 통한 자립선교와 김치가 현지인에게 건강식품으로 받아들여져 사람과 가축이 김치 유산균에 의해 슈퍼박테리아까지 퇴치하는 건강에 도움을 받게 되었다는 사실을 발견하게 하였다.

넷째, 후원 교회와 선교지 교회의 자립도를 알 수 있는 리서치 연구를 하였다. 그동안 선교 현지에서 이루어 온 농업과 그것을 판매한 결과 그리고 김치, 고추장, 된장들을 통한 2차 산업의 과정을 통해 어떻게 경제적 자립을 하게 되었고, 그 과정에서 선교지와 한국의 후원 교회에 어떤 의식 변화가 이루어졌는지를 설문조사를 통해 연구한 결과를 다루었다.

많은 교수들과 선교사들이 "세계 선교 최초의 성공 사례가 되는 자립 농장은 선교의 표본(Sample)이며 성공의 실제로, 선교학자들과 선교사들이 이 책을 보아야 합니다. 그러니 이 논문을 책으로 출판하여 널리 알리십시오."라는 권면을 필자에게 해 주셨다. 필자는 그러한 말이 필자를 칭찬하고, 격려하기 위한 말이라는 것을 잘 알고 있다. 그리고 지나친 과찬이라는 것을 잘 알고 있다. 그러나 필자는 겸손한 마음과 한국 교회의 세계 선교를 섬기는 마음으로 감히 이 책을 출판하고자 한다.

선교의 주인이신 하나님은 사람을 창조하셨고, 그 사람은 독립(자립)형 인간이다. 만일 하나님이 의존형 인간을 만드셨다면 어디서 어떻게 얻어먹고 살라고 말씀하셨을 것이다. 그러나 하나님은 사람을 창조하시고 사람에게 땅을 경작하여 산업 활동을 통해 자립형으로 살도록 하셨고, 그것을 사랑으로 서로 나누며 살도록 만드셨다.

예수님이 이 땅에 오셨을 당시 이스라엘은 가난하였다. 주님은 그들을 불쌍히 여기시고 먹이시고, 고쳐 주시고, 가르쳐 주셨다. 교회는 예수님이 세우셨고 하나님이 주인이시다. 그 하나님이 구원하여 모으신 사람들이 교회이다. 다시 말하면, 구원 받은 사람들이 모여 사는 교회 역시 자립하여 살아가는 사람들이어야 한다는 말이다. 가난을 극복하고 풍성하게 사는 것이 하나님의 자녀로 구원 받은 삶을 사는 것이고 복음의 삶이다.

이 책은 선교지의 자립 정책의 성공 사례를 소개하는 데 집중하였다. 그리고 자립선교의 성경적 근거를 따라 하나님의 인도와 섭리로 된 것임을 밝히는 바이다. 필자는 이 책이 앞으로 선교의 사명을 수행하는 후원 교회들의 새롭고 좋은 선교 전략과 정책이 될 수 있기를 바란다. 한국 교회가 이러한 전략과 정책 수립에 좋은 자료가 되기를 바란다. 선교를 실행하는 목회자와 장로 그리고 선교에 관심을 가지고 후원하는 성도들에게 좋은 선교의 아이디어를 얻고자 하는 목적으로 읽혀졌으면 하는 바람이다. 선교가 후원에만 의존한다면, 선교사에게 선교비를 보내고 예배당을 건축해 주는 것에만 의존한다면 피선교지는 자립 의식이 훼손될 것이다. 선교지의 교회와 성도가 의존형이 된다면 하나님의 뜻에 합당한 선교가 이루어지기는 어려울 것이다.

실례로 볼리비아 선교지에 미국 선교부에서 예배당을 지어 주었다. 그 후 바람이 세게 불어서 예배당 지붕의 일부가 파손되었다. 그때 볼리비아 교인들은 수리를 하지 않고 미국으로 편지를 썼다. "미국 형제들이여 당신들의 예배당 지붕이 바람으로 파손되었으니 어서 와서 수리를 하십시오." 이것이 의존형 교회와 인간들의 실제이고, 후원에만 의지하는 의존형 인간들을 양산하는 결과이다. 우리는 그들이 산업 활동으로 재력을 발생하여 스스로 자기들의 예배당을 짓도록 해야 한다. 이것이 바람직한 선교 사역이다.

선교사와 선교지 교회는 현지에서 전도와 산업 활동으로 복음을 전하게 해야 한다. 그리고 복음을 듣고 믿음으로 구원 받은 기쁨으로 살게 해야 하며, 구원 받은 이후에 어떻게 사는 것이 하나님의 뜻인지를 알게 해 주어야 한다. 신명기 15장 4절에 기록된 대로 "네가 만일 네 하나님 여호와의 말씀만 듣고 내가 오늘 네게 내리는 그 명령을 다 지켜 행하면 네 하나님 여호와께서 네게 기업으로 주신 땅에서 네가 반드시 복을 받으리니 너희 중에 가난한 자가 없으리라." 하신 말씀이 선교지 교회에서 이루어지게 하는 선교 사역을 하는 전략을 갖게 되길 바란다.

제프리 삭스(Jeffrey Sachs)에 의하면 선교지에는 11억의 절대 빈곤층이 있고 20억의 중간 빈곤층이 있다고 한다. 이러한 결과는 지도자의 정책 실패에서 온 것이라고 말한다. 라인홀드 니버(Reinhold Niebuhr)는 선교사들은 지도자로서 저들이 가난을 극복하게 하고 자립으로 살며, 주는 자로 살도록 저들의 삶과 문화에 변화를 주어야 한다고 말한다. 한편 토마스 스톨터(Thomas M. staltter) 교수에 의하면 선교는 복음의 메시지를 다른 문화권에 있는 사람들에게 전달하는 일이다. 이 사역을 하려면 선교와 문화인류학을 배워야 하는데 그의 강의를 통해서 타문화의 상황을 이해할 수 있는 통찰력을 가지게 되었다. 또 복음을 듣고 믿어 그리스도인이 되었을 때 사회적 변화와 문화적 변화의 과정들을 학문적으로 잘 지도해 주었다.

강의의 핵심은 이것이다. 하나님의 말씀은 문화를 평가한다. 문화적으로 적절한 방법이 무엇인지 적용하게 한다. 성경은 타문화의 행동이 옳고 그른지 아니면 중립적인지 결정해 준다. 성경은 초문화적이지 결코 비문화적이지 않다. 성경은 어떠한 문화를 다른 문화로 비교해 가치의 우열을 두지 않는다. 다만 성경은 문화를 판단하며 변화시킨다고 하였다. 그러므로 선교사들은 현지에서 산업을 세밀히 살펴보고 낙후된 것을 살릴 뿐 아니라 농업과 경작을 통해 선교지 백성들에게 생산, 자립하게 하는 일도 복음 전하는 일만큼 중요시 여기길 바란다. 이 연구가 자립선교의 길을 찾는 지혜로운 도구가 되기를 진심으로 바란다.

차 례

제1장

자립선교의 성서적 근거

1. 땅을 경작하라

땅을 창조하신 하나님께서 사람에게 그 땅을 경작하라 말씀하셨다. 사람은 이 명령과 규례를 행할 때에 빈곤을 극복하며 삶을 영위할 수 있게 된다는 것이 성경의 원리이다. 선교 자립의 원리는 바로 여기에 있다.

> 하나님이 이르시되 땅은 풀과 씨 맺는 채소와 각기 종류대로 씨 가진 열매 맺는 나무를 내라 하시니 그대로 되어 땅이 풀과 각기 종류대로 씨 맺는 채소와 각기 종류대로 씨 가진 열매 맺는 나무를 내니 하나님이 보시기에 좋았더라(창 1:11-12).

하나님이 말씀하셨다. "땅은 풀과 씨 맺는 채소와 각기 종류대로 씨 가진 열매 맺는 나무를 내라." 여기에 '내다'는 히브리어는 '타데쉐'이다. 이 뜻은 '다쇠'로서 땅에서 '솟아오르게 하다', '자라기 시작하다'이다. 또한 피엘 동사로 쓸 때는 '많이 있다, 풍부하다'는 뜻을 포함한다.[1] 12절의 말씀대로 땅이 그것들을 "내니"라는 말은 '토제'라는 명령형이다. 본 동사는 '야짜'인데 그 뜻은 '나가다', '나오다', '외출하다', '솟아나다'이다. 이 동사를 사역형(히필형)으로 쓰면 '호찌'이며 '나오게 하다', '나오도록 하다', '가져가게 하다'라는 뜻이 된다.[2]

> 하나님이 그들에게 복을 주시며 하나님이 그들에게 이르시되 생육하고 번성하여 땅에 충만하라, 땅을 정복하라, 바다의 물고기와 하늘의 새와 땅에 움직이는 모든 생물을 다스리라 하시니라 (창 1:28).

창조주 하나님이 사람에게 복 주시고 명령하신 말씀은 세 가지이다. 생육하고 번성하여 땅에 충만하라, 땅을 정복하라, 모든 생물을 다스리라는 사명이다. "정복하다"는 히브리어로 '키부수하', '발로 땅을 밟는다'는 뜻이다. 다음 "다스리다"는 '레두'인데 '라다'가 원형이다. 다스리라는 명령이다.[3] 이 동사들의 뜻은 사람이 땅과 모든 만물을 정복하고 다스리라, 특별히 땅을 가꾸고 경작하는 일을 명하신 것이다. 이것은 문화

---

1 Brown Francis, Driver. S. R. Briggs. Charles, *The Hebrew and English Lexicon of The Old Testament as Translated by Edward Robinson*, Clarendon Press Oxford printed in the United State of America: 1977, 206.

2 Brown, 위의 책, 424.

3 Davidson Benjamin, *The Analytical Hebrew and Chaldee Lexicon,* London: Samuel Bagster & Sons LTD, 1974, 676.

적 위임(cultural mandate)을 뜻한다. 문화란 라틴어로 'colore'에서 나왔는데 땅을 갈거나 경작한다는 말이다. 이것은 성경 말씀의 의미로 땅을 가는 노동을 의미한다. 이 일은 땅을 갈아서 좋게 하고 소산을 내도록 하는 것이다. 이것이 농업이다.[4]

> 여호와 하나님이 땅에 비를 내리지 아니하셨고 땅을 갈 사람도 없었으므로 들에는 초목이 아직 없었고 밭에는 채소가 나지 아니하였으며(창 2:5).

여기에 땅을 갈 사람은 경작하는 노동자가 없었다는 뜻이다.

> 하나님이 이르시되 내가 온 지면의 씨 맺는 모든 채소와 씨 가진 열매 맺는 모든 나무를 너희에게 주노니 너희의 먹을 거리가 되리라(창 1:29).

여기에 "씨 맺는다"는 히브리어는 '조레아 자라'로 이 뜻은 씨 뿌려 농사하여 얻은 채소, 과일, 곡식을 말한다.

허성갑은 2009년에 히브리어 원문을 직역한 성경을 출판하면서 이 부분을 다음과 같이 번역하였다. "하나님이 말씀하셨다. 보라, 내가 온 땅 위에서 씨 맺는 모든 채소와 씨가 있어 열매를 맺는 모든 나무를 너

---

4   헨리 반 틸, 『칼빈주의 문화관』(*The Calvinistic concept of culture*), 이근삼 역, 서울:성암사, 1979, 31.

희에게 준다. 이것이 너희에게 양식이 될 것이다."

필자는 이 부분을 아래와 같이 번역하였다.

> 하나님께서 명령하셨다. 모든 땅 지면에 씨 뿌려 농사한 채소와
> 그리고 씨 뿌려 가꾸는 나무 과일 열매(곡식 포함)를 너희들에게 주
> 었다. 너희의 먹거리가 될 것이다(창 1:29, 이성로 사번역).

이 말씀의 뜻은 더욱 분명해진다. 너희 먹거리가 된다는 뜻은 씨 뿌
리어 농사하여 거두는 채소와 과일과 곡식이 우리 몸과 생명에 가장 좋
은 먹거리가 된다는 뜻이다. 이것은 곧 인간이 경작한 농업 생산품이
다. 더 나아가 이 농업은 하나의 산업 분야로 자연을 이용하여 인간이
필요로 하는 식품과 의류, 의약품을 생산하는 모든 활동을 포함하는 것
이다.[5] 땅에서 여러 종류의 생산품이 솟아올라 오게 하여 많게, 풍성하
게 하는 산업 활동을 하게 하신 것이다. 하나님은 땅을 경작하게 하시고
산업 활동을 하게 하여 산업을 주신 하나님이시다. 그러므로 하나님은
지금도 우리에게 단순한 노동으로의 농사뿐 아니라 산업 활동으로의 농
업 활동을 하도록 섭리하신다.

---

5   심영근 외 1인 공저, 『새로 쓴 농업 경영학의 이해』, 서울: 삼경문화사,
2003, 47.

2. 산업(Industry)을 주신 하나님

산업이란 뜻을 정확히 이해하는 것이 중요하다. 이를 위해 성경에서 말하는 산업과, 현대사회를 산업화 된 사회라 할 때의 산업의 의미와 선교에서 자립을 위한 경제 활동으로서의 산업의 의미를 구별해야 한다.

> 산업이란 생산하는 사업, 곧 자연물에 사람의 힘을 가하여 그 이용 가치를 창조하고 또 이것을 증대하기 위하여 그 형태를 변경하거나 또는 이것을 때에 따라서 이전 시키는 경제적인 행위를 일컫는 말이다.[6]

위 내용은 국어사전에 기록된 설명이다. 동아 백과사전에는 더 넓게 의미를 더하고 있다.

> 산업은 인간이 생계를 유지하기 위하여 일상적으로 종사하는 생산적인 활동, 일반적으로 물적 재화의 생산과 더불어 서비스의 생산도 포함한다. 다시 말하여 농림어업, 광업, 제조업, 건설업, 공익사업, 운수통신업, 유통업, 금융업, 보험업, 부동산업, 기타의 모든 서비스업도 전부 포함된다. 한편 산업 활동의 발전은 경제발전의 원동력이 된다. 산업 활동이 왕성하면 고용이 증가하

---

6   편집부 편, 『새로 나온 국어대사전』, 서울: 민중서관, 2001, 1,295.

고 실질소득이 상승하여 구매력이 증가하면 산업 활동이 다시 자극을 받게 된다. 이와 같이 생산(공급)과 시장(수요)이 상호간에 작용하면서 순조롭게 확대해 나가기 위해서는 경제제도나 경제정책에 있어 관련 조건이 정비되어 있어야 한다.[7]

산업이란 인간의 생계유지를 위한 생산 활동이며 여기에는 물질이나 농산물이나 서비스를 포함하고 주로 경제적 생산을 의미한다고 밝혔다. 『세계백과대사전』은 다음과 같이 산업의 정의와 분류를 하였다.

오늘날 산업의 개념은 대단히 넓어지고 있다. 옛날에는 산업이란 농사를 짓는 농업이나 길쌈하는 수공업이나 또는 바다에서 고기 잡는 것과 같이 눈으로 보고 손으로 만질 수 있는 유형의 재화를 만들어 내는 생산업을 의미하였지만 근래에 와서는 대체로 농업, 임업, 목축업, 수산업, 광업과 같은 원시적 산업과 공업을 주요 내용으로 하는 근대적 산업의 두 가지 산업을 구체적인 내용으로 형성하였다.[8]

산업이 발달함으로 인하여 그 개념이 넓어져서 산업의 개념을 분류하였다. 호주의 유명한 경제학자 클라크(C. G. Clark)는 그의 저서 『경제

---

7   편집부 편, 『동아원색세계대백과사전』 제16권, 서울: 동아출판사, 1987, 151.

8   편집부 편, 『세계백과대사전』 교육도서 제10권, 서울: 교육도서출판사, 1990, 389.

진보의 제조건』(*The Conditions of Economic Progress*)에서 한 나라의 모든 산업을 1차, 2차, 3차 산업으로 분류하였다.[9]

> 제1차 산업은 농업, 임업, 목축업, 수산업 등과 같이 원시적 산업이다. 제2차 산업은 광업, 제조업, 건조업, 전기업 같은 소위 근대산업이다. 제3차 산업은 상업, 금융업, 보험업, 운수업, 창고업 등과 같은 재화의 유통에 관한 여러 산업들과 더불어 서비스업을 포함하고 있다. 서비스업에는 공무원 행정 업무, 교사의 교육 행위, 변호업, 의료업, 영화업, 다방업, 이발업, 용역업을 말한다.[10]

산업이 발달하면서 산업화(industrialization)는 곧 비인간화를 초래한다는 오해가 생기기도 하였다. 생산에 매여 인간의 노동력이 착취되기도 하였고, 인간성이 경제 논리에 짓밟히고 무시당하는 노동력의 도구로 보였기 때문에 산업화와 비인간화는 동의어라는 오해의 뜻이 숨겨져 있다. 산업체가 대형화, 공업화되면서 인간이 마치 기계의 부속품처럼 매이는 현상이 일어났기 때문이다.

그렇다면 이러한 산업의 개념을 선교지에서 교회의 자립을 위해 어떻게 적용할 수 있을 것인가를 생각해 보아야 할 것이다. 비인간화라는 오해의 소지를 피하면서 적절한 산업을 찾는다면 1차 산업과 2차 산업

---

9 앞의 책, 390.

10 위의 책, 390.

의 영역에서 경제적 발전을 가져오는 농업 경작과 제조업이 적용된다면 바람직한 모델을 찾을 수 있을 것이다.

3. 구약의 산업의 역사

위에서 논한 바와 같이 단순한 농업이 아닌 농업 산업이라는 개념에서 구약 속의 농업 산업의 역사를 찾아보고자 한다. 농업 산업에는 경작을 해야 할 노동자가 필요하다. 하나님께서 사람을 만드신 목적은 하나님이 만드신 땅을 경작할 사람을 창조하신 데서 찾을 수 있다.[11] 그 사람이 하나님의 일꾼이요 농민이다. 이 경작하는 일이 사람이 타락한 후 어렵고 괴롭게 움직이는 노동자로 변하였다. 이 노동이 인생의 몫이 되었고 수고하고 무거운 짐진 자로 전락하였다.[12] 그러나 '노동한다', '경작한다'는 구약 히브리적 사고를 찾아보면 산업 활동이라는 하나님의 의도하심이 보인다.

아바드는 노동하다, 경작하다, 봉사하다, 섬기다는 뜻에서 예배하다는 뜻도 포함된다.[13]

---

11 박동현, 「예언과 목회 3」, 서울: 한국장로교출판사, 1995, 171.
12 최종진, 『구약성서개론(개정판)』, 서울: 도서출판 소망사, 2007, 167.
13 박동현, 위의 책, 219.

'아말'은 수고하다, 전도서에는 노동의 성과를 말한다.[14]

'아사'는 …하다, 만들다. 현재 동사로 '마아세' …만드는 노동을 말한다.[15]

'파알'은 …하다, 일하다, 노동하다, 행동하다.[16]

'조레아 자라' 씨 뿌려 거두는 농사일하다.[17]

이 단어들은 땅을 경작하는 일을 하며 생산하는 인간의 행동들을 의미한다. 곧 산업 활동을 말하고 있다.

구약학자 박동현 교수는 구약의 농사 이야기를 「농민과 목회」 2008년 봄, 227-244페이지에 실었다.

① 땅을 갈 아담(창 2:5, 7, 15)

② 땅을 가는 이 가인(창 4:1-7)

③ 땅의 사람 노아(창 9:20)

④ 씨 뿌려 백 배 거두어들인 이삭(창 26:12-14)

⑤ 밀을 포도주 틀에서 타작하는 기드온(삿 6:11)

⑥ 소를 앞세워 밭을 갈던 엘리사(왕상 19:19)

---

14 박동현, 앞의 책, 220.

15 Edna Lauden, Liora Weinback, *Multi Dictionary, English Hebrew Dictionary*, Israel, Tel Aviv University, 1988, 546.

16 Edna, 위의 책 567.

17 김경래 외 1인 공저, 『성서 히브리어 한글 사전』, 전주, 전주대학출판부, 1999, 190.

⑦ 포도밭을 지키려다 목숨을 잃은 나봇^(왕상 21장)

⑧ 짐승을 먹이며 돌무화과나무를 가꾼 아모스^(암 7:14)

⑨ 땅을 사랑한 임금 웃시야^(대하 26:10)[18]

농사는 농부의 입장에서는 하나님께서 땅에 비를 내려 주셔야 하고, 하나님 편에서는 땅을 갈 사람이 있어야 한다.[19] 하나님은 땅을 창조해 주셨고 또 경작할 수 있도록 비를 내려 주시고 사람은 경작하여 1차 산업을 이루어 풍요롭게 살라는 뜻이다. 이러한 산업이 이루어지면 가난 곧 빈곤이 물러가고 부^(히브리어, 아샤르)가 찾아오게 된다.

부는 국어대사전에 ① 쌓은 재화 ② 특정한 경제 주체에 속하는 재^(財)의 총계, 화폐가치로서 중시되는 경제재^(wealth)이다.[20] 이러한 경제적 개념으로는 재물이 넉넉한 상태이며 차고 넘쳐 부족함이 없는 것이다.[21] 가난은 부의 반대로 경제적 결핍 상태를 말한다. **"부자의 재물은 그의 견고한 성**^(잠 10:15, 18:11)**"**이므로 사람을 지켜 준다고도 한다. 뿐만 아니라 **"여호와는 가난하게도 하시고 부하게도 하시며 낮추기도 하시며 높이기도 하시는도다**^(삼상 2:7)**."** 부는 하나님께로부터 오며 하나님은 부에 이르는 길도 가르쳐 주셨다.

---

18 박동현, 앞의 책, 131.

19 박동현, 위의 책, 132.

20 편집부 편, 『새로 나온 국어대사전』 서울: 민중서관, 2001, 1140.

21 이희승, 『국어대사전』 서울: 민중서관, 1978, 1281.

네가 만일 네 하나님 여호와의 말씀만 듣고 내가 오늘 네게 내리는 그 명령을 다 지켜 행하면 네 하나님 여호와께서 네게 기업으로 주신 땅에서 네가 반드시 복을 받으리니 너희 중에 가난한 자가 없으리라(신 15:4, 개역개정).

이 말씀은 히브리어 마소라(MT)를 사(私) 번역(飜譯)하면 다음과 같다.

너희 중에는 가난한 자(에브욘)가 없을 것이다. 왜냐하면 기업으로 너희에게 상속해 주는 너희의 여호와 하나님의 땅은 여호와께서 복 주시기 때문이다. 오직 만일 너희의 하나님 여호와의 목소리를 잘 듣고 오늘날 네게 명하는 그 모든 명령을 지켜 행하면 네게 말씀하신 대로 복을 주실 것이다.[22]

가난한 자가 없을 것은 하나님께서 복 주실 약속을 하셨기 때문이다. 사람은 하나님의 명령하시는 그 목소리(음성)를 듣고(들으라), 지키고(리스모르), 행하기만(라아소트) 하면 된다. 이는 신앙의 순종의 총체적인 것을 말한다. 가난이 없이 물러가고 부요하게 사는 것은 하나님을 청종함에 있다. 곧 땅을 경작하라, 땅에서 솟아올라 오도록 하라는, 즉 산업 활동하라는 명령과 규례를 지켜 행할 때 부가 이루어진다는 진리의 말씀이다. 이는 우리의 행복을 위한 말씀이다(신 10:13).

---

22   *Old Testament Text : Biblia Hebraica Stutgartensia, Second edition amended 1977*, Jerusalem: The Bible Society in Israel, 1991, 186.

4. 족장들의 산업

선교학자 게린 밴 뤼넨(Gailyn van Rheene)에 의하면 "하나님은 위대한 선교의 창시자"셨다.[23] 선교의 원천은 이스라엘 백성들의 부르짖음에 의해 유발된 것이 아니라 영원히 존재하시는 하나님에 의하여 시작된 것이다.[24] 지금도 선교의 창시자이신 하나님은 하나님의 도를 전할 사람을 찾으셨다.[25] 그러므로 선교 사역은 하나님으로부터 나온다. 그분이 원천인 것이다.[26] 그리고 모든 선교의 기본은 보냄(파송)이다.[27]

안승오 교수와 박보경 교수는 "족장들을 통한 선교"를 말하면서 창세기 12장 1-3절 말씀에 근거하여 이스라엘의 족장 아브라함을 가나안 땅으로 보내시는 하나님을 선교의 주도자로 말하고 있다.[28] 창세기 12장 1절을 히브리어 성경 마소라로 번역하면 다음과 같다.

여호와께서 아브람에게 말씀하셨다. 너의 땅으로부터 네가 태어나 살던 고향 땅으로부터, 너의 아버지 집으로부터 떠나 내가 보여 줄 땅으로 가라.

---

23 게린 밴 뤼넨, 『선교학 개론』(Mission), 홍기영 외 1인 번역, 서울: 도서출판 서로사랑, 2003, 32.
24 게린 밴 뤼넨, 위의 책 34.
25 게린 밴 뤼넨, 위의 책 34.
26 게린 밴 뤼넨, 위의 책 39.
27 게린 밴 뤼넨, 위의 책 63.
28 안승호 외 1인 공저, 『현대 선교학 개론』, 서울, 대한기독교서회, 2008, 22.

창세기 12장 3절 하반절 **"너로 인하여 땅의 모든 족속(미쉬파호트)이 복을 받게 될 것이다."** 여기서 족속이란 가족을 말한다. 선교학자들의 견해에 의하면 이스라엘 족장 아브라함, 이삭, 야곱, 요셉은 하나님이 계획하시고 목적하신 임무를 띠고 가나안 땅으로 보내신 선교사였다.

선교의 원천이요 주도하시는 하나님은 이 족장들을 선교사로 보내면서 후원을 위해 선교비를 보내셔야 하는데 돈을 보내신 일이 없다. 대신 이 족장들에게 가나안 땅을 기업으로 주시고 산업을 주셨다. 첫 족장 아브라함이 창세기 12장 5절에 "하란에서 모은 모든 소유와 얻은 사람들을 이끌고 가나안 땅으로 가려고 떠나서 마침내 가나안 땅에 들어갔더라." 여기서 '모든 소유'는 히브리어로 '콜 레쿠쉼'인데 그의 모든 재산 소유물을 의미한다. 아브라함은 유목민으로서 목축업자였기에 그의 재산 역시 목축과 관련된 것이었다. 그에게 창세기 12장 7절에 **"여호와께서 아브람에게 나타나 이르시되 내가 이 땅을 네 자손에게 주리라 하신지라."** 하나님께서 말씀하신 '이 땅'은 가나안 땅 중앙인 세겜이다. 이 땅에서 아브람은 목축업으로 그의 생업 곧 산업을 이루게 된 것이다.

이삭에 대해 살펴보자. 창세기 26장 12-13절에 **"그 땅에서 농사(씨 뿌리어 거두는 농사)하여 그 해에 백 배나 얻었고 여호와께서 복을 주시므로 그 사람이 창대하고 왕성하여 마침내 거부가 되어…"** 이 사건을 통해 알 수 있는 것은 이삭이 1차 산업으로 땅에서 나오는 곡물과 과일, 채소를 생산하였고, 양과 소도 아버지로부터 물려받은 산업이 번성하였다는 것이다. 이 사건이 선교지에서도 산업 활동으로 경제적 자립을 할 수 있는 근거로 삼을 수 있다. 이삭이 농사하였다는 히브리어 단어를 경작하라는 '아바드'를 쓰지 않고, 씨 뿌려 거두는 농사를 의미하는 '제라'라는 용어를 사용하였다. 이는 농업 경영학에서 무슨 종자를 선택하고, 심고, 거두고, 판매하는 경제적 영농 계획적 농업을 생각할 수 있다.[29]

야곱은 그의 형 에서의 축복을 가로채고 형의 증오를 피하여 하란에 있는 외삼촌 집으로 피신한다. 혼자 단신으로 가지만 거기서 부인 4명을 만나 12남매를 낳았고, 외삼촌의 양을 치는 목축업을 배우고, 그의 노동의 대가로 양과 소, 염소, 나귀 떼를 이루었다. 그 후 가나안 땅으로 돌아와 부친 이삭의 임종과 장례 후 부친의 유산을 상속받아 자신이 하란에서 가지고 온 소유와 합하여 큰 목축업자가 된다. 야곱의 10명의 아들 역시 훌륭한 목자가 되었다. 돌아오는 길에 사랑하는 라헬이 베들레헴 길가에서 막내아들 베냐민을 낳고 죽었다. 그 라헬의 소생 요셉을 편애하는 일로 10명의 형들과 갈등을 일으켜 요셉을 애굽의 노예로 팔아 버리는 사건이 일어나고 야곱은 자식을 잃는 슬픔을 당하였다. 그러나 잃어버렸던 아들 요셉이 애굽의 총리가 되었다는 소식을 듣게 되었고, 총리가 된 요셉의 초청으로 온 가족 70명과 함께 애굽으로 내려간다. 이주할 때도 그의 직업(산업)인 가축 떼를 몰고 가서 애굽의 고센 땅에서 죽을 때까지 살게 되었다.

요셉이 그의 형들과 아버지의 가족에게 이르되 내가 올라가서 바로에게 아뢰어 이르기를 가나안 땅에 있던 내 형들과 내 아버지

---

29 조재영 외 8인 공저, 『한국농업개론』, 서울: 향문사, 1994, 100-152.

의 가족이 내게로 왔는데 그들은 목자들이라 목축하는 사람들이
므로 그들의 양과 소와 모든 소유를 이끌고 왔나이다 하리니 바
로가 당신들을 불러서 너희의 직업이 무엇이냐 묻거든 당신들은
이르기를 주의 종들은 어렸을 때부터 지금까지 목축하는 자들이
온데 우리와 우리 선조가 다 그러하니이다 하소서 애굽 사람은
다 목축을 가증히 여기나니 당신들이 고센 땅에 살게 되리이다
(창 46:31-34).

야곱은 그들의 직업과 산업 모두를 갖고 애굽으로 이주한 부요한 족
장이었다. 야곱의 뒤를 이은 네 번째 족장 요셉은 창세기 45장 5-8절
에 그의 형들에게 고백한 말에서 하나님께서 자기의 삶을 주도하였다고
말하였다.

당신들이 나를 이 곳에 팔았다고 해서 근심하지 마소서 한탄하지
마소서 하나님이 생명을 구원하시려고 나를 당신들보다 먼저 보
내셨나이다 이 땅에 이 년 동안 흉년이 들었으나 아직 오 년은 밭
갈이도 못하고 추수도 못할지라 하나님이 큰 구원으로 당신들의
생명을 보존하고 당신들의 후손을 세상에 두시려고 나를 당신들
보다 먼저 보내셨나니 그런즉 나를 이리로 보낸 이는 당신들이
아니요 하나님이시라 하나님이 나를 바로에게 아버지로 삼으시
고 그 온 집의 주로 삼으시며 애굽 온 땅의 통치자로 삼으셨나이
다(창 45:5-8).

이 고백에서 주목할 단어는 형들이 팔았다는 것이 아니고 하나님이 먼저 첨병같이 보내셨다는 말이다. 왜 먼저 보내셨다고 믿는가? 요셉은 자신의 입으로 하나님이 자신을 보내신 것은 하나님의 큰 구원으로 형들의 생명을 보존하고 그들의 후손을 세상에 두시려는 목적 때문이라고 고백하고 있다. 이 믿음은 선교의 창시자시요 주도자이신 하나님의 계획에 대한 온전한 믿음이다. 그분의 목적은 아브라함에게 약속한(창 15:13-14) 후손들을 보존하고 번성케 하려는 것이다.

또 하나는 요셉을 애굽 땅, 바로의 집의 아비요 주인으로 통치자로 삼았다는 데 주목해야 한다. '통치하라(마샬)'를 '모셸' 현재동사로 표현했다. 이는 현재 다스리는 실제의 사람을 의미한다.[30]

이 고백을 통한 메시지는 분명하다. 선교의 주인이신 하나님께서 요셉을 애굽에 먼저 보내셔서 7년의 흉년을 대비하게 하였다. 요셉으로 하여금 풍년에 그 산업을 지도하여 저축하게 하였고 지혜로운 지도자, 선교적 사역자로 일하게 하신 하나님을 알았기 때문에 이런 고백이 나온 것이다. 하나님은 요셉을 이러한 영성과 지성을 갖춘 지도자로 그의 임무를 알게 하셨다. 요셉은 애굽의 총리로 임명을 받고 하나님이 주신 풍년 기간에 그에게 맡겨진 경영적 책임을 지혜로 잘 다스리게 되었다. 흉년의 위기, 절대 빈곤이 다가오는 것을 알고 풍년에 풍성한 소산을 미리 저축하게 하는 경제적 지도력을 발휘하여 이 위기에서 생명이 살도록 나라의 산업을 지도한 것이라 할 수 있다. 요셉은 이 모든 것이 하나

---

30 Benjamin Davidson, 앞의 책, 522.

님이 하신 것이라고 고백한 것이다.

뤼넨은 그의 선교학 개론에서 **"선교의 원천이 되시는 하나님께서 하나님의 성령을 통하여 지속적으로 선교를 주도하고 계시다."**[31]라고 했다. 요셉은 애굽이라는 선교지에서 절대 빈곤에 처한 사람들을 위해 산업을 지도하고 개발하여 생명을 살게 하는 길을 가르쳐 주어 빈곤의 위기에서도 구원하시는 하나님의 복음을 전한 것이다.

요셉은 7년 풍년에 저축한 곡식을 흉년의 위기에서 구제나 긍휼을 앞세워 무상 배급을 주지 않고 돈을 받고 팔았다. 돈이 없으면 짐승을 팔아서 사게 하였고, 나중에는 토지까지 팔아서 사게 하였고 그 토지는 다 바로 왕에게 돌렸다. 이러한 통치는 지도자의 지혜이며 경제적 절약의 미덕을 가르쳐 준 지혜이다. 마찬가지로 선교에서도 무상 지원이 마치 기독교의 절대적인 가치관인 것 같이 인식되지만 무상 지원 이후 좋지 않은 결과를 가져오는 사례들을 많이 접한 것이 사실이다. 그렇다면 요셉의 사역을 통해 자립선교의 모델을 찾는 것은 매우 중요하다.

5. 신명기 학파와 산업

신명기 학파에 의하면 이스라엘 역사를 신명기 역사라 하며 왕국 제도는 원칙적으로는 받아들일 수 없는 거부해야 할 제도였다.[32] 그러나

---

31 게린 밴 뤼넨, 앞의 책, 58.

32 김철현, 『구약신학』 서울: 성광문화사, 1994, 190.

사울 왕은 사무엘을 통하여 기름 부음을 받았고 또한 하나님이 그에게 승리를 주셨다. 이 신학은 적극적인 면에서 메시아론을 추구한 것이며 나사렛 예수만이 **"유대인의 왕"**이 되어야 하고 다른 아무 사람도 될 수 없다는 뜻을 내포한다.[33] 아무 인간도 여호와의 왕권 통치를 대리할 수 없는 것인즉 따라서 계시된 하나님, 곧 예수 그리스도에 의해서만이 이 것이 가능한 것이다.[34]

> 우리 주 예수 그리스도의 은혜를 너희가 알거니와 부요하신 이로 서 너희를 위하여 가난하게 되심은 그의 가난함으로 말미암아 너 희를 부요하게 하려 하심이라(고후 8:9).

이 말씀은 하나님의 백성들을 가난에서 구원하시고 부요하게 하여 풍요로운 삶을 주실 메시아의 왕권 통치를 말한 것이다. 신명기 학파가 말하는 이스라엘 왕국 역사 중에서 땅을 사랑하고 농사를 좋아한 왕이 있었다. 그가 웃시야이다. 이 사람에 대한 기록이 역대하 26장 10절에 이렇게 기록되어 있다.

> 또 광야에 망대를 세우고 물 웅덩이를 많이 파고 고원과 평지에 가축을 많이 길렀으며 또 여러 산과 좋은 밭에 농부와 포도원을 다스리는 자들을 두었으니 농사를 좋아함이었더라(대하 26:10).

---

33 김철현, 앞의 책, 191.
34 김철현, 위의 책, 191.

이것은 웃시야 왕이 중농정책을 펼친 것이며 신명기 1장 38-39절의 말씀을 따라 행한 것이라 할 수 있다.

> 네 앞에 서 있는 눈의 아들 여호수아는 그리로 들어갈 것이니 너는 그를 담대하게 하라 그가 이스라엘에게 그 땅을 기업으로 차지하게 하리라 또 너희가 사로잡히리라 하던 너희의 아이들과 당시에 선악을 분별하지 못하던 너희의 자녀들도 그리로 들어갈 것이라 내가 그 땅을 그들에게 주어 산업이 되게 하리라(신 1:38-39).

선교의 주인이신 하나님께서 그의 약속의 백성들을 애굽에서 이끌어 내시고 약속의 땅으로 인도하시는 그 목적은 그들에게 땅을 기업으로 주시고 그 땅에서 산업 활동을 하면서 살게 하기 위함이다. 이러한 선민의 일을 웃시야 왕이 정책적으로 시행하여 가난을 물러가게 하고 풍요로운 삶을 살게 하는 왕의 임무를 다한 것이다. 웃시야는 선한 왕으로 52년간 하나님의 종으로 일하며 다스린 기록은 칭찬할 만한 일이다.

> 현대 농업 경영학에서 그 정의로는 "농업인이 일정한 경영 목적으로 가지고 지속적으로 노동력과 토지 및 자본재(농기구, 비료, 사료)를 이용하여 작물의 재배 또는 가축의 사양(양축) 및 농산 가공 등을 함으로써 농산물을 생산하고 그것을 이용, 판매, 처분하는 조

직적인 수지 경제 단위가 농업 경영이다.[35]

하나님의 말씀을 듣고, 지키고, 행하는 삶으로 사는 것이 신앙의 길이라면 하나님의 길을 걷는 선교지에서도 땅을 사랑하여 지혜로운 농업 경영으로 풍성하게 생산하고 그 생산물을 판매 처리하여 경제력을 가지고 가난을 극복하고 자립적인 삶으로 이를 통해 이웃한 다른 족속들까지 복되게 살게 하는 것 역시 현대에 사는 모든 신앙인의 길이다. 이스라엘 백성에게 산업이 있는 것은 그들이 원하거나 요구해서 된 것이 아니요 이미 하나님의 계획에 의하여 조상들에게 약속한 것이다. 애굽의 노예생활에서 출애굽한 후에 이스라엘 백성은 땅이 없는 유목민이 되었다. 그러나 그들은 자기들의 소유로 얻은 그 땅에서 산업으로 농사를 지어 풍성한 땅의 소출로 풍요롭게 살아가고 번성하였다. 이렇게 복되게 사는 사람들로 만드시는 하나님의 역사가 선교 사역에 포함된다.

시편 28편 8-9절에 산업을 위한 이스라엘 왕 다윗의 간구가 나온다.

여호와는 그들의 힘이시요 그의 기름 부음 받은 자의 구원의 요새이시로다 주의 백성을 구원하시며 주의 산업에 복을 주시고 또 그들의 목자가 되시어 영원토록 그들을 인도하소서.

---

[35] 심영근 외 1인 공저, 앞의 책, 27.

이 기도를 보면 이스라엘 백성을 구원하시는 하나님이 구원 받은 후 그들이 살아가는 삶에 필요한 농산물품이 풍성해야 하기 때문에 그 산업에 복 주시기를 간구하는 것을 볼 수 있다.

제2장

자립선교에 대한 선교 학자들의 견해

1. 바울 선교와 자립 교회

안디옥교회에서 성령님에 의해 보냄을 받고(행 13:2-4)부터 바울 사도의 선교가 시작되었다. 사도행전 13장 4절은 바나바와 바울 두 사람이 성령의 보내심을 받아 실루기아로 내려가 배를 타고 구브로에 갔다. 바울 선교의 특징 중 하나는 자비량 선교였다. 바울은 많은 어려움 가운데 천막 만드는 노동(Tent making ministry)을 하여 선교비를 감당하였다 (행 18:3, 20:34).[36] 이승호 교수는 "**당시 바리새인들은 하나의 전문적인 일을 배우는 것이 관례였다. 바리새인으로서 바울은 하나의 수공업을 배웠을 것이다. 그의 직업이 장막 만드는 일이었다.**"[37]고 지적했다. 이스라엘 사회학자 유태영 박사는 그의 저서 『이스라엘 국민정신과 교육』에서 학생들과 군인들이 과외로 모샤브나 키브츠, 직업학교에서 1차 산업

---

36 이승호, 『바울의 선교와 신학』, 서울: 대한기독교서회, 2009, 139.
37 이승호, 위의 책, 79.

으로 농사를, 2차 산업으로 수공업을 철저히 시킨다고 했다.[38] 이스라엘 부모들은 직업교육을 시켜 자립으로 살게 하지 않으면 도둑이 될 수 있다고 하면서 직업교육을 시킨다. 바울의 출생지 소아시아 길리기아 다소는 현재 터키 아다나 공항에서 차량으로 30분 거리에 있다. 바울의 생가 우물물은 현재도 마을 사람들이 사용하고 있다.

> 다소가 전반적으로 번성할 수 있었던 것은 길리기아 평야가 비옥했던 덕분이다. 이 도시의 명산물은 아마포 직물과 천막 제조로 그 원료는 길리기아산 아마였고 천막 제조 재료는 실리시움(Cilicium)이라고 불리우는 염소 털의 피륙이었던 것 같다. 다소산 아마는 자주 언급되고 있으며 천막 제조 산업은 바울을 통해 유명해졌다(행 18:3). 바울이 자신의 고향을 소읍이 아닌 길리기아 다소성(행 21:39)이라고 자랑한 것도 바울이 살던 시대에 다소가 누린 정치, 경제, 학문상의 탁월한 지위를 생각하면 이해할 만하다.[39]

바울은 유대인으로서 길리기아 다소에서 천막 만드는 기술을 배웠고 고린도에서 선교비를 자급하기 위해서 노동했을 것이다. 빌립보교회가 여러 차례 바울에게 선교비를 보내 주는 후원의 손길도 있었으나 바

---

38 유태영, 『이스라엘 국민정신과 교육』, 서울: 이스라엘문화연구원, 1986, 33–56.

39 민영진 외 5인 편, 『성서백과대사전』 제2권, 서울: 성서교재간행사, 1980, 779.

울은 복음 전파에 조금도 누가 되지 않으려고 직접 일하면서 복음을 전파한 것이다(살전 2:9; 고전 4:12; 고후 11:7–11, 12:13–15). 이것은 교인들의 선교적 삶을 요구하는 강력한 동기가 될 수 있다.[40] 그래서 바울은 에베소 장로들에게 한 고별 강연에서 자신이 복음을 전해서 돈을 번 것이 아니라 자신의 손으로 일해서 자급자족했다는 점을 강조한 것이다.[41] **"내가 아무의 은이나 금이나 의복을 탐하지 아니하였고, 여러분이 아는 바와 같이 이 손으로 나와 내 동행들이 쓰는 것을 충당했다."[42]** 바울이 이런 일을 하던 곳이 고린도 항구인데 거기서 같은 유대인으로 생업의 기술이 같은 브리스길라와 아굴라를 만난다. 그들이 바울의 선교팀이 되어 동역하며 바울의 선교비를 후원하였다(행 18:1–11).

바울이 선교하면서 재정 운영을 수행한 세 가지 원칙을 찾아볼 수 있다. 첫째, 자기 자신을 위하여 재정적(금전) 도움을 구하지 않았다. 둘째, 자신이 전도한 이들에게 재정적 도움을 주지 않았다. 셋째, 자신이 직접 지역 교회의 재정을 운영하지 않았다.[43] 알렌은 이것을 설명하면서 다음과 같은 말로 설명하고 있다.

> 현지인에게 그들 스스로 장만할 수 없는 건물과 장식을 수입해 주고, 사용하고, 공급함으로써 우리는 회심자들을 가난하게 만

---

40 이승호, 앞의 책, 140.

41 롤런드 알렌, 『바울의 선교 vs 우리의 선교』(*Missionary Methods, St Paul's or Ours?*), 황병용 외 1인 번역, 서울: 한국기독학생회출판부, 2008, 90.

42 롤런드 알렌, 위의 책, 90.

43 롤런드 알렌, 위의 책, 88.

들고 만다. 우리가 꼭 필요하다고 생각하는 것을 공급할 수 없으므로 그들은 갈수록 수동적인 수납자의 입장을 취하는 데 익숙해진다. 우리가 그들이 공급할 수 없는 것을 공급함에 따라 자신들이 공급할 수 있는 것을 공급하고픈 그들의 정당한 충동마저 억제하고 만다. 외국의 지원은 본국에서 기부금이 낳는 부작용을 해외에 수출할 뿐더러 그 자체가 외래적이라는 좋지 않은 인상을 낳는다. 회심자들은 스스로 노력해서 자신의 필요를 공급하는 대신에 남에게 의존하는 법을 배운다.[44]

이러한 설명은 자립선교와 자립으로 살아가는 삶을 가르치지 않고 돈 선교만 하면 의존형 사람으로 변질되어 더 가난하게 만든다는 경종을 울려 주고 있다. 또한 자립선교의 본을 보여 주면서 **"나를 본받으라."**고 한 말의 큰 의미를 깨우쳐 주고 있다. 그래서 바울 사도는 각 교회가 자율적으로 재정을 운용해야 한다는 원칙을 고수했다.[45] 사도행전 13장 3절에 의하면 바울을 처음 선교사로 파송한 교회가 안디옥교회이고, 4절에 성령의 보내심을 받고 구브로로 갔다고 기록하였다. 또한 1차 전도 여행, 예루살렘 회의, 2차, 3차 전도 여행도 안디옥교회에서 출발했고, 또 선교를 마치고 돌아가서 안디옥교회에 보고도 하였다. 그렇다면 안디옥교회와 바울과의 관계는 단순히 파송, 피파송의 의존 관계라기보다는 더욱 복잡한 역학 관계가 포함된 양상을 띠고 있다고 보아

---

44 롤런드 알렌, 앞의 책, 98.
45 롤런드 알렌, 위의 책, 102.

야 한다.[46] 안디옥교회를 살펴보면 선교 명령으로 부름 받았고, 교회가 부흥하면서 선교사를 파송하는데 이 과정이 예수님의 영, 성령에 의해 이루어졌다. 그렇다면 안디옥교회는 선교사로 보낼 인물과 선교의 전략이 있었고, 그들을 보낼 만한 재정적 여력이 있는 교회였다. 또한 선교의 씨를 뿌릴 일꾼이 있었고, 또 하나의 큰 의미로 교회와 선교가 같이 있는 유기체적 예수님의 몸으로서의 교회였다.[47] 그러므로 줄리앙 (Julien) 교수는 "교회와 선교가 같이 있었다(Reuniting the Church with Her Mission)."라고 하였다.[48] 그리고 나무를 옮겨 심는 이식선교(移植宣敎)를 하지 말고 씨 뿌리는 선교를 하라고 하였다.[49] 유동식 교수는 "안디옥교회는 바울과 바나바 때문에 항상 생명을 따라 외부 활동하는 선교적 교회였다."라고 말한다.[50] 에밀 부르너(Emil Brunner)는 "마치 불이 불타는 가운데 존재할 수 있는 모양으로 교회는 선교 활동으로 말미암아 존재할 수 있다. 은혜가 충만한 교회일수록 왕성한 선교 활동을 전개하기 마련이다."라고 하였다.[51]

---

46 유상현, 『바울의 제1차 선교여행』, 서울: 대한기독교서회, 2002, 33.

47 Julien Tom, *Antioch Revisited*, USA: BM Book, 2006, 15-16.

48 Julien Tom, 그의 책 표지에서.

49 Julien Tom, IM815, Mission Strategy 강의록, Grace Theological Seminary, May 23-27, 2011, 12.

50 유동식, 『예수, 바울, 요한』, 서울: 대한기독교서회, 1995, 147.

51 유동식, 위의 책

2. 세 가지 선교 원칙 : 자전, 자립, 자치

3자 원리라는 말은 미국 해외 선교연합위원회(ABCFM, The American Board of Commissioners of Foreign Missions) 총무로 봉사한 루퍼스 앤더슨(Rufus Anderson, 1796-1880)과[52] 영국선교회(CMS) 총무 헨리 벤(Henry Venn, 1796-1873)이 처음 고안하고 주장한 선교 원리이다.[53] 이 3자 원리는 자전(self-propagation), 자립(self-support), 자치(self-government)에 기초하여 독립을 추구하였다.[54]

앤더슨은 성경적 자기 선전적 기독교를 전파하기 위해 네 가지 활동을 통하여 목표를 이루고자 하였다(Anderson, 1856. 3).

① 잃어버린 자들(불신자)의 회심

② 새 신자들을 개교회를 개척하는 데로 조직

③ 유능한 현지 지도자들을 양성

④ 지방 개교회를 독립적이고 자전하게 지도[55]

헨리 벤은 그의 선교회가 설립한 선교지 교회들의 침체를 의식하였고, 선교사들에 의한 숟가락으로 먹여 주기(일방적 공급)가 쌀을 퍼 주는 기

---

52 게린 밴 뤼넨, 앞의 책, 339.

53 변창욱, "한국 교회의 자립선교 전통과 선교지에서의 비자립선교 형태," 제5차 세계 선교 전략회의(NCOWEV)에서 발표한 논문, 2010.6.30, 2.

54 게린 밴 뤼넨, 앞의 책, 339.

55 게린 밴 뤼넨, 위의 책, 340.

독교를 유발시켰다고 믿었다.[56] 그 후 3자 원리는 선교 사업에 매우 중요한 원리로 받아들여졌다. 이 이론은 선교 간섭정치에 도전하였고, 사회와 경제 유산과 상관없이 모든 그리스도인들의 책임을 인정하였다.[57] 바이엘하우스(Beyerhaus)는 이렇게 논평하였다.

교회가 하나님의 인정을 충족시키는 활동 없이 자기 업무를 경영하고 자기 경제를 꾸려가고 많은 새신자들을 구령할 수 있습니다 (1979. 26). 자기 긍정은 오로지 신학적인 것보다는 사회학적으로 적용될 때 의미를 갖습니다.[58]

실천인류학의 편집자 윌리엄 스맬리(William Smally)는 "선교원칙 세 가지 즉, 3자 원리는 많은 선교사상에서 자치, 자급, 자전하는 교회이며, 그 말뜻은 토착 교회의 원리로 통용되었다."고 말했다.[59] 그는 또 "참다운 토착성은 3자 원리 그 이상의 것"이라고 말했다(1958. 51–65).

선교의 목표는 사회사업이나 전도가 아닌 토착 교회 설립입니다. 토착 교회는 사회 전도 사역에 성취하려면 현지 문화에 뿌리를 박아야 합니다. 토착 교회는 교회가 개척되고 자치, 자급, 자체

56 게린 밴 뤼넨, 앞의 책, 340.
57 게린 밴 뤼넨, 위의 책, 344.
58 게린 밴 뤼넨, 위의 책, 345.
59 게린 밴 뤼넨, 위의 책, 346.

생산을 준비하는 나라의 삶을 공유하는 국민 교회입니다. 토착
교회들은 자전, 자급, 자치뿐 아니라 그 교회들에 문화적으로 적
당한 방법론에서 하나님의 뜻을 반영함으로 교회 패턴들을 그 토
착 맥락에 어울리게 해야 합니다.[60]

하지스(Hodges)는 "선교의 목표는 사회사업이나 전도가 아니라 토착
교회를 세우는 것"(1953. 8-9)이라고 지적했다. 토착 교회만이 그 문화에
뿌리내려 효과적인 사회 전도 사역을 성취할 것이다.[61]

귀츨라프(Karl F. A. Guetzlaff, 1803-1851)는 중국 기독교 토착론의 선구자
로 평가받는데,[62] 그는 유태계 폴란드인으로 독일 경건주의 선교 운동의
본산인 할레대학을 졸업하고 1826년 화란선교회의 지원을 받아 동남아
시아에 파송되었다.[63] 그는 한국교회사에서 한국을 방문하여 선교한 개
신교 선교사로 등장하고 있다.[64] 그는 1834년부터 별세할 때까지 마카
오와 홍콩에서 영국대사관의 중국어 통역 겸 서기(영국 무역상무관)로 일하
면서 주말과 여가시간을 이용해 선교한 자비량 선교의 선구자였다.[65]

네비우스(Nevius)는 앤더슨의 세 가지 선교 원칙에 입각하여 선교했으

60 게린 밴 뤼넨, 앞의 책, 347.
61 게린 밴 뤼넨, 위의 책, 348.
62 Jessie G Lutz and Ray Lutz, *"Karl Guenzlaff's Approach to Indigization : The Chinese Union"*, Daniel H. Bays ed. Christianity in China, Stanford University Press, 1996, 269-291.
63 옥성득, "한국 장로교의 초기 선교 정책(1994-1903)" 연구 논문, 123.
64 Howard Taylor & J Hudson Taylor, *Biography*, Chicago: Moody Press, 1965, 16.
65 옥성득, 앞의 논문, 126.

나 중국에서 그 정책이 성공적으로 받아들여지지 않았다. 그러나 한국에서는 그의 정책이 성공적으로 받아들여졌다. 언더우드 선교사는 네비우스 정책을 수용한지 10년이 된 1900년 다음과 같이 말했다.

> 우리 선교가 따르고 있는 체계는 정확히 원래의 네비우스 체계가 아니라, 사업의 필요에 따라 만든 것으로 네비우스 방법에서 발전시킨 것이다. 네비우스의 〈선교 사업의 두 방법〉과 비교해 보면 그 책이 제시하는 계획들보다 훨씬 철저히 자급적이다.[66]

마펫(S. A. Moffet)은 1909년 선교 25주년 기념식에서 1890년 네비우스에게서 받은 "큰 원리가 된 두 가지 씨앗 사상"은 "사경회 제도와 자급이었으며, 한국 상황에 맞도록 상당한 수정을 가했다."고 밝혔다.[67] 메이슨(G. L. Mason)은 미국 침례교 연합선교회(ABMU) 선교사로 1880년 중국에 도착하여 10년간 선교하였고 그 경험을 토대로 "자립선교 발전 방안"에 대한 논문을 발표했다. 그는 돈 선교(silver method)가 초래한 해악을 다음과 같이 지적하였다.[68]

> ① 돈 선교는 선교사에게 상처를 주기 쉽다. 현지인들은 자신들의 생계를 책임지는 선교사를 기쁘게 하려고 할 것이며, 선교사

---

66 Underwood, H.G., *"An Object Lesson of Self-support"*, 386.
67 옥성득, 앞의 논문, 155.
68 변창욱, 앞의 논문, 7.

는 끊임없는 기도, 다정한 조언, 거룩한 삶의 모범을 통해 현지인을 인도하려고 하지 않을 것이다. 그 결과 선교사는 영적 안내자가 아니라 한낱 회사의 감독이나 월급을 주는 사람으로 전락해버릴 위험이 있다. ② 돈 선교는 선교 사역에 요구되는 하나님의 소명(divine call)을 흐리게 만들 수 있다. ③ 수많은 초신자들을 먹이는 비용을 절약하면 잘 갖추어진 현지인 선교사를 더 많이 파송하는 데 사용할 수 있다. ④ 돈 선교는 현지인 목회자에게 해악을 끼칠 수 있다. 자신의 양떼를 잘 돌보지 않고 책임감을 그다지 느끼지 않으며, 자기 교인들을 업신여기고 자신을 고용한 선교사에게는 비굴하게 굴 수 있다. ⑤ 돈 선교는 현지 교회를 약화시킨다. 헌금을 하지 않게 되며 보수를 받지 않는 봉사의 가치를 모르게 된다. 또한 현지인들은 선교사가 시작하지 않으면 일을 하지 않으며, 일주일에 한 번 교회에 나와서 앉아 있어 주는 것이 마치 선교사에게 도움을 주는 것처럼 행동하는 교인들도 생겨난다. ⑥ 서구 교회의 돈을 많이 사용하면 이방인들은 기독교를 물질적인 생각으로 바라보게 된다. ⑦ 돈 선교는 사기와 억압으로 가득찬 이교도들의 교회라는 느낌을 강하게 줄 수 있다. 또한 물질적인 혜택을 추구하는 "모식신자(rice-christian)"를 양산할 수 있으며, 돈으로 사람을 유혹하는 것은 로마 가톨릭의 쉬운 먹잇감이 될 수 있다.[69]

---

69 변창욱, 앞의 논문, 7-8.

또한 자립선교를 위한 몇 가지 실제적인 방안을 제안한다.[70]

① 자신들의 목회자 사례비를 감당할 수 없는 현지 교인 모임이
여럿 있는 경우에 한 명의 목회자가 순회하며 돌아보게 하고 여
러 모임이 한 명의 목회자 사례비를 지불하도록 하라. ② 전문기
술을 가진 평신도 선교사(lay missionaries)를 파송하여 선교지에서
현지 교인들을 위한 제조업에 관한 기술 훈련을 시켜라. 남아공
과 인도와 그 외 지역에서 직업 훈련을 통해 현지 교회 자립에 도
움을 준 사례가 있다. ③ 비교적 부유한 현지 교인들 가운데 비
용을 스스로 부담할 수 있는 자비량 선교사를 활용하라. ④ 기독
교인 부모들은 자녀들에게 기술을 가르치라. 선교부는 교사 혹
은 복음전파자로 고용하려고 청년들에게도 유용한 수공예 교육
을 먼저 시켜야 한다. 그러면 이후에 선교부가 그를 필요로 하지
않게 될 때에도 그는 선교부에 아무런 부담을 주지 않게 된다. 스
스로 생활비를 벌 수 있을 뿐만 아니라 헌금도 할 수 있을 것이기
때문이다. ⑤ 외국 스타일로 교회를 짓지 말라. 그렇게 지으면
현지인들에게 기독교는 외국의 종교이며 외국인들이 중요하지
않은 외적인 부분까지 간섭하려고 한다는 인상을 줄 수 있다. 또
한 현지인들의 자발적인 봉사를 저해하게 된다. ⑥ 선교사의 생
활양식이 현지인의 자립을 도울 수도 있고 방해할 수도 있다.[71]

---

70 변창욱, 앞의 논문, 10.

71 Mason G.L. *"Methods of Developing Self-supported Voluntary Effort"*, 421

위와 같은 메이슨의 자립방안이 기술이나 직업 훈련과 제조업, 즉 1차 산업과 2차 산업으로 경제가 발전하도록 가르쳐서 외국에 의존하지 않고 자립할 수 있도록 하며 목회자의 경비, 선교비 뿐만 아니라 교인들의 빈곤을 변화시켜 부유한 삶을 살게 하고 또 다른 곳에 선교하도록 재정적 힘을 갖게 하는 것이다.

메이슨은 선교지의 교회와 학교의 자립방안을 다음과 같이 기록한다.

① 선교사는 현지 교인들에게 드리는(giving) 훈련을 시켜야 한다. 하나님은 주는 자가 복되도다라고 말씀하신다. ② 자립뿐 아니라 절약에 대해서도 가르쳐야 한다. 아무리 가난해도 헌금하는 법을 가르쳐야 한다. ③ 바울의 가르침대로 각 사람의 소득 수입에 따라 드리게 해야 한다(고전 16:1-3). 교인들에게 수입의 십일조(Tithe)를 드리도록 가르쳐야 한다. 선교사가 솔선수범하여 선교비의 1/10 이상을 헌금하면 현지 교인들에게 커다란 영향력을 끼치게 될 것이다.[72]

폴 히버트(Paul G. Hiebert)는 루퍼스 앤더슨과 헨리 벤의 세 가지 원칙에 대하여 다음과 같이 말했다. "자전은 초기 선교 운동의 약점으로 전도는 선교사들이 하는 것으로 알고 있는 점. 현지 교회의 전도할 책임임을 가르치는 것"이다.[73] "자립은 외부 자원에 계속적으로 의존하면 그들

---

72 변창욱, 앞의 논문, 11.
73 폴 히버트, 『선교와 문화인류학』(Anthropological Insight for Missionaries), 김

이 올바르게 성숙하고 성장할 수 없다"고 주장했다.[74] 자치에서는 가장 큰 의견 충돌이 있었다. "신생 교회들이 자치권을 갖지 못하고 성장한다는 것은 불가능하다."고 주장하여 선교부에서 권한을 포기했다.[75] 이러한 견해를 가진 주장으로 한국에는 많은 자립 교회가 생겨났다.

티모시 켈러(Timothy J. Keller)는 긍휼 사역에서 우리는 가난한 이들의 삶의 조건을 깊이 숙고하고 그들이 자급자족할 수 있도록 방법을 찾아야 한다.[76] 당신은 자신이나 가족이 다른 이에게 짐이나 부담이 되지 않도록 자신의 가족을 부양해야 한다.[77] 그리스도인들은 말씀과 행위를 통해 복음을 세상으로 가져가야 한다.[78] 우리가 할 일은 바로 인간으로서 그들의 기본적 필요들을 찾아 해결해 주는 것[79]이라고 말했다.

신명기 15장에서 하나님은 이렇게 말씀하신다.

> 네가 만일 네 하나님 여호와의 말씀만 듣고 내가 오늘 네게 내리는 그 명령을 다 지켜 행하면 네 하나님 여호와께서 네게 기업으로 주신 땅에서 네가 반드시 복을 받으리니 너희 중에 가난한 자가 없으리라(4절, 개역개정).

동화 외 3인 역, 서울: 죠이선교회, 2010, 276.

74 폴 히버트, 앞의 책, 277.

75 폴 히버트, 위의 책, 278.

76 티모시 켈러, 『가서 너도 이와 같이 하라』(*Ministries of Mercy*), 이찬규 역, 서울: 기독교연합신문사, 2007, 102.

77 티모시 켈러, 위의 책, 120.

78 티모시 켈러, 위의 책, 136.

79 티모시 켈러, 위의 책, 136.

이 말씀은 이중의 약속이다. 만일 이스라엘이 하나님께 순종하면 농업과 경제에 하나님의 섭리적 복이 임하리라는 것이다.[80] 하나님은 이렇게 말씀하고 계신다. 만일 너희가 나의 법을 온 마음으로 지켜 행하면 너희의 나라에는 어떠한 지속적인 빈곤도 없을 것이다.[81] 위의 말씀은 빈곤 문제와 채무 문제를 해결해 주는 쉬미타법이다. 이 법을 지키고 순종하면 이렇게 될 것이다.[82] 또 땅을 경작하라는 말씀을 순종하면 이렇게 복되어 가난이 물러가게 될 것이고, 너희는 자립적 인간이 되어 풍성한 삶을 누리게 된다는 것이 하나님의 뜻이다. 자립선교의 주창자인 멜빈 하지(Melvin Hodge)는 돈을 주지 않는 자급 선교 원리의 이점을 다음과 같이 설명했다.[83]

① 자급 원리는 성경의 원리이나 사도들이 설립한 이방인 교회는 모교라 할 수 있는 예루살렘 교회의 원조를 받지 않았다. 오히려 바울은 설립한 교회로부터 생활비를 요구할 수 있었지만 보류하였다. ② 가난한 교인들이 적은 생활비로 교역자를 부양하고 교역자가 교인들과 같은 생활수준으로 생활할 때 일체감을 가지게 된다. ③ 책임감이 신령한 축복을 가져온다. 자립정신을 길러

---

80 티모시 켈러, 앞의 책, 123.

81 티모시 켈러, 위의 책, 123.

82 김하연 외 6인 공저, 「이스라엘 연구」 제1권 1호, 서울: 한국이스라엘학회, 2009, 32. 쉬미타법은 이스라엘 백성들이 가난하여 빚을 지면 6년이 지난 후 안식년이나 희년이 되면 그 빚을 탕감하는 법이다(형제들에게 한해서).

83 Hodge, Melvin, *On the Mission Field.* The Indigenous Church, Chicago: Moody Press, 1953, 74−85.

주지 않으면 전도도 하지 않고 교회 부흥도 불가능하다. ④ 원주민 사역자가 선교비를 받으면 자기 교회에 책임감을 느끼기보다 선교사와 선교부에 더 책임감을 느낀다. ⑤ 산 신앙과 희생정신에 신령한 목회가 따르는데 선교비와 해외 원조에 의존하는 목사는 산 신앙을 소유하지 못한다. ⑥ 선교사가 받는 돈이 오히려 넉넉하지 못한데도 많은 돈을 받는 것으로 오해받거나 또한 외국의 스파이로 오해받을 수 있다. ⑦ 전도의 문을 더 넓게 해 준다. 즉 자립정신으로 일할 때에는 능동적으로 전도하지만 돈을 받으면 적극성이 없어지기 때문에 전도의 문이 축소되는 것이다.[84]

위와 같이 자립정신으로 일하는 것이 성경적이요, 능동적으로 일하는 모습이 하나님의 뜻이다. 한국에서는 2013년 약 25,000명의 선교사가 파송되어 사역을 하고 있다. 한국 교회의 성장의 한계를 언급하는 이 시점에 자립선교는 그 어떤 것보다 중요하고 주목해야 할 선교 전략이다.

3. 조직신학적 조명

조직신학자 폴 틸리히(Paul Tillich)는 사람의 구원은 그리스도 예수에

---

84 이정권, 「러시아의 자생력 있는 교회 형성을 위한 선교 전략적 연구」, 서울: ㈜ 한국학술정보, 2007, 36-37.

게 있어서 새로운 존재이며 구원의 궁극적 목적은 '영원한 삶'을 얻는 것
으로 구원의 의미를 결정한다고 말한다.[85] 이것은 고침(healing)으로 소
외된 것을 재결합하는 것인데 하나님과 사람, 사람과 세계, 사람과 사
람, 자신의 분열을 극복하는 것이다.[86] 그러면서 구원은 낡은 존재로부
터의 회복이며 새로운 존재로의 변화라고 한다.[87]

　틸리히는 하나님을 거룩함과 피조물과의 관계로서 말하고 예수 그리
스도는 관계 회복자로서 구원의 주체라고 했다.[88] 또 김균진 교수는 믿
음으로 구원 받는 신앙론에서 예수 그리스도를 주로 고백하는 사람은
그리스도의 뒤를 따름이라고 했다.[89] 그는 곧 하나님의 나라에 속한 삶
을 사는 것이다. 그것은 사랑의 관계와 기다림과 소망으로 신앙하는 것
이다.[90] 구원은 믿음으로 받는 것이며 예수 그리스도의 말씀과 그의 가
르침과 사랑을 실천하신 예수님과 함께 사는 것을 의미한다. 이들이 사
는 공동체가 교회이다. 이 교회는 사도성을 가지고 세상에 보내져서 하
나님의 부르심의 일을 하며 사는 것이다.[91] 이 사도성을 갖고 선교의 사
명을 다하는 교회, 제자화 훈련을 통해서 세상으로 보내심을 받고 일하

85　폴 틸리히, 『조직신학』(Systematic Theology) 제2권, 김경수 역, 서울: 성광문
　　화사, 1978, 280.

86　폴 틸리히, 위의 책, 281.

87　폴 틸리히, 위의 책, 281.

88　폴 틸리히, 『조직신학』(Systematic Theology) 제1권, 김경수 역, 서울: 성광문
　　화사, 1978, 205-208.

89　김균진, 『기독교 조직신학』 제3권, 서울: 연세대학교 출판부, 1987, 165.

90　김균진, 위의 책, 188-198.

91　한스 큉, 『교회란 무엇인가』(Was ist Kirche?), 이홍구 역, 서울: 분도출판사,
　　2005, 145-151.

는 교회가 선교적 교회이다.

독일의 조직신학자 한스 요아힘 크라우스(Hans Joachim Kraus)는 "그리스도교 공동체는 말에 의한 증거뿐 아니라 특히 행동에 의한 증거를 통해서 하나님의 증인이 되도록 촉구하며 세상의 빛이 되도록 규정된다."고 말했다.[92] 그는 또 "샬롬(구원, 평화)이 하나님의 선교의 목적"이라고 했다.[93] 한국의 조직신학자 이종성 교수는 "이러한 모든 것이 하나님의 계시로 되는데 계시 사건은 역사 안에서 일어난다. 이 세상의 모든 사건은 발전과 성장이라는 형식으로 일어난다. 그러한 과정은 필연적으로 '크로노스'라는 시간 안에 일어"나는데,[94] "그 안에는 예수님이 이 역사 안에 사신 삶을 포함"하고, "그 계시 사건은 완전한 계시로 믿는" 동시에 "이것을 성서에 기록하고 계시의 문을 닫았으며 성서의 계시와 만나도록 성령님이 인도하시고 역사하신다."고 말했다.[95]

탁월한 복음주의자로 알려진 존 스토트(John Stott)는 "우리 하나님은 선교의 하나님이시다. 구약의 하나님은 선교의 하나님이시다."[96]라며, 또 "복음서의 그리스도는 선교의 그리스도시다."[97] "사도행전의 성령님은 선교의 성령님이시다."[98]라고 삼위일체 하나님을 모두 선교하시는

---

92 한스 요아힘 크라우스, 『조직신학』(Systematischer Theolgie), 박재형 역, 서울: 한국신학 연구소, 1986, 465.

93 한스 요아힘 크라우스, 위의 책, 466.

94 이종성, 『그리스도론』, 서울: 대학기독교출판사, 1984, 114.

95 이종성, 위의 책, 114.

96 존 스토트, 『현재를 사는 그리스도인』(The Contemporary Christian), 한화룡 외 1인 역, 서울: 한국기독학생출판부, 1997, 409.

97 존 스토트, 위의 책, 417.

98 존 스토트, 위의 책, 419.

하나님, 그분의 역사를 선교하시는 역사로 보고 있다.

> 그러므로 성경의 종교는 선교의 종교다. 그 증거는 압도적이며 논박할 수 없는 것이다. 선교는 유감스럽게도 종교적인 관용에서 벗어난 것이나 일부 괴상한 광신도들의 취미로 여겨질 수 없다. 오히려 그것은 하나님의 마음으로부터 나오는 것이며, 우리의 마음으로 전달되는 것이다. 선교는 세계적인 하나님의 세계적인 백성이 세계적으로 확장하는 것이다.[99]

그러므로 우리의 마음과 태도를 바꿔야 하는 변화를 추구하면서 다음과 같이 말했다.

> 우리가 믿는다고 고백하는 그분은 선교의 하나님이시다. 우리는 그리스도께 헌신한다고 말하는가? 그분은 선교의 그리스도이시다. 우리는 성령으로 충만하다고 주장하는가? 그분은 선교의 영이시다. 우리는 교회에 속한 것을 기뻐하는가? 교회는 선교적 집단이다. 우리는 죽을 때 하늘나라에 가기를 바라는가? 그것은 선교적 노력의 열매들로 가득 차 있는 나라다.[100]

이것은 삼위일체론적이며 교회론적이며 선교적인 아름다운 표현이

---

99 존 스토트, 앞의 책, 426.
100 존 스토트, 위의 책, 426.

며 진리이다. 또한 미국의 선교학자 비버(R. Pierce Beaver) 박사의 견해를 들면서, "선교 활동에 구제에만 관심사가 국한된 것이 아니라 산업학교를 세워 공동체들이 독립적이 될 수 있도록 하는 것을 포함한다."[101]고 말했고 "선교 없는 교회는 더 이상 교회가 아니다. 그것은 교회의 정체성의 본질적인 부분과 모순된다. 교회는 선교이다."라고 확신했다.[102]

루이스 벌코프(Louis Berkhof)는 그의 조직신학 구원론에서 이렇게 구원론을 요약한다.

> 인간의 구원은 하나님의 부르심의 은총에 있으며 성령의 은혜로 중생하며 그의 부르심을 듣고 회개한다. 회개한 그들은 주님 앞으로 돌아와 예수 그리스도를 믿음으로 의롭다 함을 얻으며 그는 죄인으로 사는 것이 아니라 의인으로 산다. 의인이 된 그들은 거룩하게 구별하시고 그들이 사는 동안 영화로운 나라에 들어갈 때까지 성화, 거룩하게 변화된 삶을 살게 된다.[103]

그의 구원론에서 중요하게 주목할 문제는 믿음으로 구원 얻는 그 믿음이며, 구원 받은 이후 의인으로 거룩하게 사는 삶에 주목해야 한다. 이에 대해 조직신학자 안토니 후크마(Anthony A. Hoekema)는 "믿음은 하

---

101 존 스토트, 앞의 책, 448.

102 존 스토트, 『진정한 기독교』(*Authentic Christianity*), 정옥배 역, 서울: 한국 기독학생회출판부, 1997, 410.

103 Berkhof, Louis, *Systematic Theology*, London: WIM IPS, The Banner of Truth Trust, 1971, 415-549.

나님의 선택하신 자들에게 선물로 주시는 것(엡 2:8-9)"이며 또 "이는 성령의 역사하심의 결과이며 예수님이 그 믿음의 창시자이시다."[104]라고 말했다. 그리고 인간의 행위로서의 믿음을 말하였다. 선포자와 선교사 그리고 그리스도인 개개인의 증거에 있어서 가장 중요한 책임은 선포되고, 교육되고 읽혀진 말씀에 의해 믿음이 성장한다는 사실이다.[105] 다음 성경 말씀을 증거로 제시한다.

> 오직 이것을 기록함은 너희로 예수께서 하나님의 아들 그리스도 이심을 믿게 하려 함이요 또 너희로 믿고 그 이름을 힘입어 생명을 얻게 하려 함이니라(요 20:31).
> 그러므로 믿음은 들음에서 나며 들음은 그리스도의 말씀으로 말미암았느니라(롬 10:17).

믿음이 어디에서 발생하느냐에 대한 대답으로 『하이델베르크 교리문답』은 "성령께서 거룩한 복음의 선포에 의해 그것을 우리의 마음에 생산한다."[106]라고 대답한다.

들음에 대하여 하나님께서 이스라엘 백성들에게 강조하는 말씀이 있다. 신명기 5장 1절에 **"모세가 온 이스라엘을 불러 그들에게 이르되 이**

---

104 안토니 후쿠마, 『개혁주의 구원론』(Saved by Grace), 류호준 역, 서울: 기독교문서선교회, 1990, 236-238.

105 안토니 후쿠마, 위의 책, 239.

106 Heidelberg Catechism, Q65, 1975.

스라엘아 오늘 내가 너희의 귀에 말하는 규례와 법도를 듣고 그것을 배우며 지켜 행하라." 이 말씀에 히브리어 네 개의 동사를 사용하여 강조형으로 말씀하였다. '이스라엘아 들으라', '배우라', '지키라', '행하라'이다. 신명기 6장에서는 "이스라엘아 들으라." 하시면서 '듣는 것을 가르치라', 이 말씀을 '배우라'고 명령하셨다. 그리고 신명기 15장 쉬미타법 [107]을 말씀하시고 4–5절에서 이 말씀을 재강조하신다. '듣고 들으라', '지키라', '행하라' 이렇게 하면 너희의 하나님이 복을 주어서 가난한 자가 없으리라. 이 말씀을 예수님은 산상수훈에서 강조하신다. "**나더러 주여 주여 하는 자마다 다 천국에 들어갈 것이 아니요 다만 하늘에 계신 내 아버지의 뜻대로 행하는 자라야 들어가리라**[마 7:21]." 주여, 주여 하는 말에 있지 않고 하나님의 뜻을 '행하는 자'를 강조하면서 건축자의 비유로 마태복음 7장 22–27절까지 산상수훈의 결론을 맺으신다. 여기서 말씀을 듣고 지켜 행함이 예수님을 올바로 따르는 인간의 행위가 포함된 믿음을 가르쳐 주신다. 이처럼 구원 받은 이후 의인으로 사는 거룩한 삶은 말씀을 듣고, 지키고, 행하는 믿음으로 사는 것이다. 의인의 삶도 하나님의 말씀이 준거가 되어 그 뜻을 행하는 사람이다. 선교에서도 복음을 듣고 구원 받은 사람들이 이렇게 살도록 지도하고 산업으로 자립하는 삶을 살도록 해야 한다.

---

107 김하연 외 6인 공저, 앞의 책, 32. 주 82번을 참고하라.

4. 영성신학적 조명

현대는 영성(spirituality)이란 말을 많이 사용하며 영성 훈련도 많이 하고 있는 시대이다. 선교지에서도 이 영성 훈련을 중요시 여기며 영성과 지성이 잘 갖추어진 지도자를 세우는 일이 중요하게 진행되고 있다. 이 지도자는 산업 활동과 경제적인 지도도 잘하여 자립하는 교회와 사람을 자립형으로 세우는 일을 매우 중요하게 감당해야 한다. 그 중요성을 영성신학적으로 조명하여 그 본질과 특성이 하나님의 선교에 올바른 것인지 살펴보고자 한다.

영성신학의 재발견으로 『기독교 영성』(*Christian Sprituality*)이라는 저서를 남긴 류기종 박사에 의하면,

> 기독교 영성은 하나님의 말씀인 성서로부터 비롯된 성서의 열매(산물)라고 말할 수 있다. 왜냐하면 기독교 영성의 모든 주제와 내용이 성서에 근거하고 있기 때문이다. 즉 기독교 영성의 핵심주제는 하나님과 우리 인간과의 바른 관계 회복(형성)과 증진이라고 말할 수 있다.[108]

따라서 기독교 영성은 심오하기 그지없는 성서의 진리들을 올바로 알게 하며 또한 그 말씀대로 살고 실천하는 데 목적이 있다고 했다.[109]

---

108 류기종, 『기독교 영성(영성신학의 재발견)』, 서울: 도서출판 엘림, 1994, 9.
109 류기종, 위의 책, 10.

그리고 기독교 영성의 원천은 예수 그리스도이다. 그러므로 기독교 영성은 예수 그리스도의 삶을 오늘날 우리의 삶 속에서 재현해 내는 제자의 길이고 토마스 아 캠퍼스의 말과 같이 예수 그리스도를 닮아가는 것이라 말할 수 있다.[110]

> 기독교 영성의 핵심은 올바르고 깊은 하나님 체험(experience in God)에 있다. 기독교 영성은 단순히 성령 체험이나 어떤 은사 체험에 목적이 있는 것이 아니라 성령의 도움으로 그리스도와 하나님을 올바로 알고 체험하여 그분의 뜻대로 살게 하는 데 그 목적이 있다.[111]

그러므로 성서의 모든 사건과 이야기들은 여러 시대와 상황 속에서 하나님 체험의 이야기들이다.[112] 또한 기독교 영성의 삶의 자리는 우리의 일상 생활과 교회 생활 속에서 하나님과 깊은 관계를 추구하며 거기에서 하나님의 뜻을 올바로 식별하여 용기 있고 과감하게 하나님의 뜻을 실행에 옮기는 강한 실천적 영성이며 생활의 영성이다.[113] 기독교 영성은 탈세계적인 영성이 아니다. 이 세상 한복판에서 하나님의 뜻을 구현하는 이 세상 속의 영성이다.[114]

---

110 류기종, 앞의 책, 11.
111 류기종, 위의 책, 12.
112 류기종, 위의 책, 12.
113 류기종, 위의 책, 30.
114 류기종, 위의 책, 30.

데이비드 왓슨(David Watson)은 "하나님과의 관계와 다른 사람들과의 관계가 기독교의 핵심이며 교회는 땅 위의 천국"이라고 말했다. 거기에는 완전한 사랑과 기쁨과 찬송이 있는 것이다.[115]

조셉 리차드(Joseph Richard)는 『칼빈의 영성』에서 "나는 영성에 의해 각 그리스도인들은 그리스도의 구원적 선교와 개인적으로 동화되며 이것은 그리스도인의 행동양식을 포함한 새로운 틀 속에 넣어진다."라고 주장한다.[116] 그래서 그는 "영성이란 신성함이 신자의 구체적인 생활 가운데 들어가는 상태"로 보았다.[117] 그는 "영성이란 개념은 신성함 속에 진보할 수 있는 가능성이 있으며 완전을 향한 노력의 필요가 있으며 그러한 완전을 얻기 위한 확실한 수단과 방법이 있음을 의미한다."고 생각했다.[118]

이러한 영성은 15–16세기 동안 경건으로 흐르며 번성했다. 이 경건은 신들에 대한 습관화된 숭배와 복종을 의미한다. 경건은 독실한 생활, 헌신적 생활, 종교적인 생활을 의미한다.[119] 그리고 경건은 충성과 사랑, 헌신적인 삶이다.[120] 이러한 기독교 영성의 원천이요 기초로 예수님이 보여 주신 삶을 따르는 이 세상 안에서의 경건을 들 수 있다.

---

115 데이비드 왓슨, 『제자훈련』(Discipleship), 권성수 역, 서울: 기독교문서선교회, 1987, 47.

116 조셉 리차드, 『칼빈의 영성』(The Spirituality of John Calvin), 한국 칼빈주의 연구원 편역, 서울: 기독교문화협회, 1997, 15.

117 조셉 리차드, 위의 책, 16.

118 조셉 리차드, 위의 책, 16.

119 조셉 리차드, 위의 책, 121.

120 조셉 리차드, 위의 책, 122.

예수 그리스도께서 하늘의 영광 보좌를 버리시고 이 땅에 내려오시어 사람의 몸을 입으시고 사셨지만 그분은 언제나 하나님과 관계 속에서 살아가셨고 하늘에 가치관을 가지고 살아가셨다. 즉 삶으로는 하나님 나라를 보여 주셨고, 삶으로 하늘의 가치를 가르치시며 사셨던 것이다. 이러한 예수 그리스도의 영성은 바로 섬김의 영성인 것이다. 예수 그리스도의 삶이 곧 예수 그리스도의 영성인 것이다. 또한 신약 시대 영성은 예수 그리스도의 제자들을 통하여 형성되고 있다.[121]

하워드 라이스(Howard Rice)는 『개혁주의 영성』이라는 책에서 "개혁주의 전통에서 본다면 경건이란 단어가 영성을 의미하는 단어"라고 주장하면서 그의 표현에 의하면 "하나님에 대한 우리의 경험에 응답하여 우리의 삶을 형성하는 양식을 영성으로 정의하고 있다."[122]

김상복 박사는 『참된 영성이란 무엇인가?』에서 참된 영성은 "하나님의 자녀로서 하나님을 기쁘시게 하며 하나님께 영광 돌리는 질적인 삶을 말합니다. 그런데 하나님을 완전히 기쁘시게 하고 영화롭게 해 드린 유일한 분은 그리스도뿐입니다."[123] "따라서 우리 인간이 그렇게 되기 위해서는 그리스도를 닮는 수밖에 없습니다. 즉 참된 영성이란 예수 그

---

121 호석태, 『청지기를 위한 개혁주의 영성』, 서울: 갈릴리도서출판사, 2002, 8.

122 하워드 라이스, 『개혁주의 영성』(*Reformed Spirituality*), 황성철 역, 서울: 기독교문서선교회, 1995, 27-28.

123 김상복, 『참된 영성이란 무엇인가』, 서울: 선교횃불, 2005, 10.

리스도를 철저히 닮아가는 것입니다."[124]라고 주장했다.

　이러한 이론들을 종합해 보면 영성이란 우리의 삶의 현장 상황에서 하나님과 함께 살며 임마누엘의 하나님이 나의 하나님 되심으로 기뻐하면서 하나님의 뜻을 다 준행하는 삶이다. 이 삶은 예수님이 모범을 보이셨고 그 모델을 따라 사는 것이다. 이러한 삶을 영성 또는 경건으로 동일시한다. 그 역사를 보면 독일에서 일어난 경건주의는 예수님의 삶을 실천하려고 그들의 삶에 성경이 중심이 되도록 성경을 공부하였고 그 삶을 실천하려고 하니 재정(돈)이 필요하였다.

　예수님처럼 마태복음 4장 23-25절, 9장 35절에 나타난 가르치는 사역을 실천하려면 무지한 자들에게 학교를 세워 교육해야 한다. 학교를 세우려니 재정이 필요했다. 전도, 선교를 하려니 교회 예배당을 건축해야 하고 선교사를 보내려니 또 재정이 필요했다. 또 예수님처럼 고쳐 주려니 병원을 만들고 약을 만들어 주어야 한다. 재정이 필요했다. 이 재정을 마련하기 위해서 경건주의에 입각해 세워진 독일의 헤른후트에서 여관업이 생겨났고 여관에 왕래하는 사람들에게 필요한 물건들을 공급하는 판매상업이 일어났고 치료하여 주는 약방을 만들어 재정을 마련하여 학교를 세웠다. 제조업을 일으켜 여성들과 가난한 자들의 일터를 만들었다. 여관업, 판매상업, 약방, 제조업 등 산업 활동이 일어났다. 예수님처럼 학교를 세워 가르쳐서 무지를 깨우쳐 주었고, 선교비를 모아 선교사를 보냈고, 병원을 세워 치료해 주었다.

---

124 김상복, 앞의 책, 10.

이러한 일을 위해 산업을 일으켜 점점 흥왕해 갔다. 이러한 영성으로 일을 할 때 노동력이 필요했고 게으름을 비난하며 육체노동과 정신노동으로 노동을 기쁘게 했던 것이다.[125] 이러한 영성으로 선교지 상황 속에서 하나님의 뜻을 실현하는 자립형 인간으로 살아가도록 삶을 지도해야 한다.

5. 변화하는 세계 선교 현장 상황

하비 콘(Havie Conn)은 『영원한 말씀과 변천하는 세계』에서 새로운 흐름을 통찰하고 변화의 바람을 선교와 신학 연구에서 행하는 것에 깊은 영향을 주는 것이 시급하고 절실하다고 했다.[126] 기독교라는 축의 변화(shift in the Christian axis)가 있다. 20세기 말에 가서는 교회의 중력(ecclesiastical gravity)의 새로운 중심이 세계의 북부 지역에서 남부 지역으로 이동할 것이다.[127] 그리고 전통적인 '선교 활동들'에 있어서 엄청난 규모의 가난이 압박하고 있다. 그것은 제프리 삭스가 연구한 대로 연간 75달러 이하의 수입으로 연명하고 있는 절대 빈곤층이 계속 늘어나

---

125 심창근, "영성 훈련이 신앙생활에 미치는 영향에 관한 연구," 그레이스 신학대학원 선교학 전공 연구 논문, 2011.5, 54.

126 하비 콘, 『영원한 말씀과 변천하는 세계』(Eternal Word and Changing World), 최정만 역, 서울: 기독교문서선교회, 1994, 245.

127 하비 콘, 위의 책, 246.

는 것이다.[128] 이것은 경제의 흐름과 변화가 선교 현장에 큰 영향을 미치는 것을 말한다. 존 스토트는 "선교와 전도는 하나님의 구원 활동에 본질로 해석하고 양자는 사랑의 표현이다."라고 언급하면서 이 사랑은 두 가지 상황에서 솟아나는데 그 하나는 궁핍한 형제를 "보는 것"이요, 다른 하나는 그 궁핍을 해결할 수 있는 "재물을 가지는 것"이라고 말했다.[129]

영원히 변치 않는 하나님의 말씀과 사랑으로 변화하는 세상에 어떻게 전해야 하는지 그 전략을 찾아봐야 한다. 이것을 찾기 위하여 문화적인 변화와 현대사회의 변화를 주도하고 있는 세계화와 그것에 주도적으로 큰 영향을 끼치는 경제 사회를 탐구하여 변화를 알고 적응하는 선교 전략을 찾아야 한다.

'변화하는 세상은 변화의 바람이 분다.'는 말에서 바람은 먼저 문화적인 변화를 지칭하는 것이다. 리차드 니버(Richard Niebuhr)는 그의 저서 『그리스도와 문화』에서 예수님은 인간 문화의 세상에 오셨고 문화와 대립도 하고 문화 위에 있었으며 문화의 변혁자로 역사했다고 지적했다. 4복음서는 그리스도를 인간 행동의 개변자, 변혁자라고 생각하는 것이 명백하다. 그러므로 기독교인의 생활은 그리스도로 말미암아 변혁된 행동으로 이루어진다는 것이다.[130]

---

128 하비 콘, 앞의 책, 246.

129 존 스토트, 『현대 기독교 선교』(*Christian Mission in the Modern World*) 김명혁 역, 서울: 성광문화사, 2004, 35.

130 리차드 니버, 『그리스도와 문화』(*Christ and Culture*) 김재준 역, 서울: 대한기독교서회, 1978, 202−203.

톰 스톨터(Thomas M. Staltter) 박사는 그의 강의록 "사역을 위한 문화인류학"에서 다음과 같이 말했다.

> 문화적으로 적절한 방법을 적용해 보면 하나님의 말씀은 문화를 평가한다. 타문화의 행동이 옳고 그른지 아니면 중립적인지를 결정해 준다. 성경은 초문화적이지 결코 무문화적이지 않다. 성경은 어떠한 문화를 다른 문화 위로서 가치를 두지 않는다. 성경은 문화를 판단하며 변화시킨다.[131]

또 다른 문화의 변화를 소개하면서 문화는 정지하지 않고 있다고 말했다.[132]

> ① 문화의 변화는 다른 레벨에서 발생한다.
> ② 문화의 세계관 변화에 대해 두 가지 원리가 있다.
>   a. 정상적인 변화는 점진적이어야 하고 사회적 상태에 의존해야 한다.
>   b. 문화 변화는 절실한 필요에 관련되어 있어야 한다.[133]

---

131 Thomas Staltter, *DI802 Cultural Anthropology for Ministry(Grace Theological Seminary)* January 2011, 26.
132 토마스 스톨터, 위의 책, 126.
133 토마스 스톨터, 위의 책, 126.

　　이러한 문화가 변하는 과정은 인지된 강점으로 적절성을 보면서 내
장된 장치와 정상적 문화 절차를 통해 잘 발생한다.[134] 하나님의 말씀 –
절대적 기준: 인간의 행동 – 문화적으로 규정한다.[135] 이러한 문화가 선
교지에서 변화의 충돌이 일어난다. 전통적 문화와 선교사에 의해 하나
님의 말씀이 전달될 때 거부반응을 일으키는 무리들과 새로운 문화의
변화에서 충돌이 일어나는 갈등 현상이 발생한다. 문화는 인간들의 행
동의 변화이지만 변화를 주도하는 분은 성경 말씀의 주인이신 하나님이
하시는 일이요 동시에 예수 그리스도께서 하시는 일이기도 하다. 이 세
상을 변화시키는 분은 예수 그리스도요 그 변화의 바람도 주님이 일으
키신다. 가난의 문화를 부요하게 하시는 주님이시다(고후 8:9).

　　다음은 세계화가 이 세상을 변화하게 하는데 큰 영향을 미친다. 세계
화란 궁극적으로 세계 모든 국가에 자유시장 자본주의가 확산되는 것
이다.[136] 포웰(Powell)과 프리드먼(Friedman)은 모두 세계화를 정의하는 데
경제나 시장에 중점을 둔다.[137] 또한 세계화의 영향에 대해서도 다음과
같이 언급했다.

　　　　전체적으로 볼 때 세계화란 사람, 문화, 정부 및 기업 사이의 상
　　　　호작용이 긴밀하고 빠르게 이루어지는 트랜드이다. 이는 인터넷

---

134 토마스 스톨터, 앞의 책, 130.
135 토마스 스톨터, 위의 책, 131.
136 미쉘 포코크 외 2인 공저, 『변화하는 내일의 선교』(Changing Face of World Missions), 박영환 외 3인 역, 인천: 도서출판 바울, 2008, 25.
137 미쉘 포코크, 위의 책, 26.

과 기타 통신수단, 기술 및 영향을 통해 촉진되며 강화되는 여러 방향의 사고, 상품, 상징 및 파워의 흐름이다."[138]

세계화는 우리가 사역하는 방향과 사람과 문화가 서로 인지하는 방식 그리고 사람들이 사고하는 방식과 서로에게 다가가는 수단을 근본적으로 변화시키기 때문에 중요하다. 우리는 복음전달에 영향을 주는 세계화의 영향을 무시할 수 없다.[139]

세계화의 4가지 상황이 선교에 주는 영향을 평가한다.

① 세계적인 이주 현상이 미전도 종족의 선교 비전 10/40 창에 집중된다. 이 현상이 기독교인들이 거주하는 지역으로 이동하게 되며 복음과 개종에 더 많이 개방되도록 한다.[140]

② 항공 여행이 항공 산업을 발달하게 했고 세계화를 빠르게 했다. 수백만의 사람들에게 복음이 전달되는 선교 상황의 혁명을 가져왔으며 단기 선교를 가능하게 했다.[141]

③ 인터넷을 통한 정보교환은 세계화의 두드러진 특징이다. 선교기관들은 전 지구적인 세계의 총체적 상호성을 인식하고 활용해야 한다. 전도, 제자훈련, 리더십 훈련, 먼 거리에서 더 많이 가능하다.[142]

④ 자유시장 경제체제는 다국적 기업이나 초국적기업(TNC) 세계화의

---

138 미쉘 포코크, 앞의 책, 27.
139 미쉘 포코크, 위의 책, 28.
140 미쉘 포코크, 위의 책, 26.
141 미쉘 포코크, 위의 책, 30.
142 미쉘 포코크, 위의 책, 31.

주요 경제현상으로 성장해 왔다. 세계 산업이 확장됨에 따라 주로 이전에 농경문화며 전통문화 자리였던 지역을 산업화한다.[143]

이 경제가 선교에 미치는 견해를 다음과 같이 말해 주고 있다.

> 경제 모든 문화는 그들의 구성원들의 삶을 지탱하기 위한 물건과 서비스 생산 분배하는 길을 가져야 한다. 이런 활동을 위해 조직된 기관과 역할들은 그 문화의 경제체계를 구성한다. 지역 경제체계를 아는 것은 큰 이익을 주며, 예를 들면 발전된 건강한 교회는 생존을 위해 외국의 경제적인 원조에 의존하지 않는다. 그것은 역시 관대한 기독교인의 성서적 의무를 반영하여 교환의 다양성의 상황화를 가능케 할 것이다. 더 나아가 초기 교회의 부의 분배를 공동체의 모델로 지역 교회가 하나님 나라의 우선권(Kingdom Priority)을 반영하는 사회구조 변화에 종사하는 방법을 찾는데 도움을 줄 수 있다.[144]

앨빈 토플러(Alvin Toffler)는 선교학자는 아니지만 미래학자로서 이 세상의 변화에 대한 저서를 내놓았기 때문에 선교학자들이 많이 인용하였고 또 그의 통찰력으로 세상의 변화를 정확하게 보고 있다. 그는 이 세상의 변화를 저 바닷가에서 밀려오는 파도로 보았으며 이 변화의 파도는 앞으로도 올 것이다. 그래서 그의 책 제목이 『제3의 파도』이다. 제1

---

143 미쉘 포코르, 앞의 책, 32.
144 미쉘 포코르, 위의 책, 482.

의 파도는 농경사회로서 3,500년이 흘러왔고 1650-1750년까지이다. 제1의 파도 시대의 경제는 지방자치적이고 각각 공동체는 생활필수품을 대부분 자급하고 있었다. 1년에 1회 수입으로 살았다. 이때의 농업은 주곡을 생산하는 농업이 중심이었다. 이 농업의 동력 에너지는 살아 있는 동력원이었다. 바로 인간과 동물의 육체의 힘이었다.[145]

제2의 파도는 1675년에 일어난 영국 산업혁명으로 산업화 시대이다. 이 시대는 가족생활이 간소화되고 일손 노동력이 공장 노동으로 보내졌다. 경제적 생산 장소가 논밭에서 공장으로 옮겨졌다. 공장 노동 임금이 월급으로 수입원이 되어 제1의 파도시대보다 12배 빠르게 받게 되는 경제순환 속도가 되었다.[146] 제2의 파도시대 인간생활은 생산과 소비라는 양극으로 갈라졌다. 경제생활은 산업사회의 정신구조로 남녀의 특성까지 모아져 있는 일터로 변했다.[147] 생산활동이 스스로 소비하기 위해 행해지고 이제는 교환하거나 팔기 위해 한다. 그래서 시장이 생겼고 이 시장을 통해 부를 창출하기도 한다. 농민조차 자급자족으로 살지 않는 문명으로 변했다.[148]

이 시대의 특징은 경제가 시장을 중심으로 움직이게 되었다. 산업화된 사회는 시장이 생겨 이윤 추구를 위한 생산과 상품화와 판매가 되는

---

145 앨빈 토플러, 『제3의 파도』(*The Third Wave*), 김태선 외 1인 번역, 서울: 홍성사, 1981, 44.
146 앨빈 토플러, 위의 책, 51.
147 앨빈 토플러, 위의 책, 63.
148 앨빈 토플러, 위의 책, 65.

경제가 되었다.[149] 생산이 자급자족을 목적으로 하지 않고 교역을 위해 행해지는 생산물 경제이며 시장을 통해서 유통하는 특유의 원칙을 준수한다.[150]

제3의 파도 시대는 산업사회 이후 정보화 시대라 한다.[151] 여러 가지 종류의 정보가 있지만 시장 가격 정보가 가장 많이 오간다. 이 시대의 경제는 다른 사람을 위한 생산에서 자기 자신을 위한 생산으로 변하고 있다는 사실이다. 생산소비(prosumption)로 능률이 향상되면 그만큼 생산 활동의 능률로 혜택이 일어난다.[152]

그는 속도측정기를 들고 고속도로 차량의 속도를 측정하듯이 이 변화를 측정하고 기록하였다. 제일 빠른 속도 시속 100마일은 기업체이다. 치열한 경쟁으로 사명, 기능, 자산, 상품, 규모, 기술, 노동력, 내부 문화의 특성 등의 변화를 시키기 위한 속도를 높인다. 다음 90마일은 시민단체, NGO(Non-government organization)이다. 60마일은 미국의 가족이다. 30마일은 노동조합이고, 25마일은 교원 조직, 10마일은 미국 학교, 5마일은 정부 간 국제기구(IGO), 3마일은 경제부국의 정치 조직, 1마일은 법이다.[153] 부의 창출에서 제1파도 시대는 키우는(growing) 농사, 제2의 파도 시대는 만드는 것(making, 제조업)이 기반이다. 제3의 파도는

---

149 앨빈 토플러, 앞의 책, 66.

150 앨빈 토플러, 위의 책, 73.

151 앨빈 토플러, 위의 책, 350.

152 앨빈 토플러, 위의 책, 352.

153 앨빈 토플러 외 1인 공저, 『부의 미래』(Revolutionary Wealth) 김중웅 역, 서울: 청림출판, 2006, 61-71.

서비스(serving), 생각(thinking), 아는 것(knowing), 경험하는 것(experiencing)
이다.[154]

빠르게 변화하는 기업에서 시간문제는 이 외에도 다양한 형태로 나
타난다.[155] 빌 게이츠는 "우리는 빠른 속도로 대처하지 않으면 몰락한
다."[156]며 "생산업체에 납품하는 공급, 모든 기업의 고품질과 가격경쟁
에서 저가를 유지하여야 함과 점점 줄어들고 있는 시장 출하시간에 적
응해야 한다."고 말했다.[157]

이러한 이유는 경제 순환 속도가 점점 빨라지고 있고 경쟁의 내용도
고품질, 가격, 속도 경쟁으로 변화하기 때문이다. 제1의 파도 농경사회
에는 1년에 1회 생산으로 수입을 얻었고, 제2의 파도 산업사회는 월1회
연12회 월급으로 빨라졌다. 제3의 파도 정보화 시대의 시장경제는 매
일 수입이 이루어지는 경제체제이며 미래는 속도측정기에 나타나는 것
처럼 시간, 분, 초로 경쟁하는 경제체제로 상황이 변했다. 여기에 빠른
속도로 대처해야 한다. 그렇지 않으면 경제에 뒤떨어져 몰락한다.

티반(John Teevan) 교수는 "선교와 2/3세계 경제개발" 강의에서 "경제
는 땅을 기반으로 해서 농산물 생산을 개발해야 하고 2차 산업으로 제
조업 그리고 3차 산업으로 중공업 기간산업으로 성장해 왔다. 이때 생
활 엔진은 땅이었다. 그러나 시장 시대는 자본이 생활 엔진이다. 땅에

---

154 앨빈 토플러, 앞의 책, 48.

155 앨빈 토플러, 위의 책, 83.

156 빌 게이츠, 『빌 게이츠의 생각의 속도』(*Business@The Speed of Thought*) 이규
행 감역, 안진환 역, 서울: 청림출판, 1999, 177.

157 빌 게이츠, 위의 책, 177.

서 생산된 산업으로 마켓 시대에 자본이 형성되도록 절약과 저축으로 이루어지는 경제개발도 풍요로우신 하나님을 만나게 한다."[158]고 강의했다. 조나단 에드워드(Jonathan Edward)의 풍요로우신 하나님의 은혜가 땅에서부터 발견되었다.[159]

---

158 Teevan, John, *MI611 Mission and 2/3 World Economic Development,* May30~June2, 2011(Grace Theological Seminary).

159 John Teevan, 앞의 강의에서.

제3장

자립선교의 역사적 고찰과 선행 연구

1. 독일 종교개혁 이후 선교와 산업 발생

독일에서 일어난 종교개혁은 1517년 10월 31일 루터가 비텐베르크 (withenberg)대학의 교회당 정문에 95개조 면죄부 반박문을 붙임으로 시 작되었다.[160] 천주교는 루터와 그 지지 세력 그리고 그렇게 탄생한 개 신교 (protestant)에 대해 논쟁과 박해를 계속하였다. 황제에 의한 재판, 천주교의 박해로 독일에 30년 전쟁이 일어나 막대한 피해로 이어졌다. 이러한 갈등은 베스트팔리아(westpalia) 평화 협정을 맺음으로 끝이 난 다.[161] 이 전쟁이 끝난 후 개신 교회 내에서 기독교 신앙에 대한 근본적 인 물음이 자연스럽게 제기되기 시작했다.[162]

---

160 차종순, 『교회사』 서울: 한국장로교 출판사, 2003, 236.
161 김의환, 『교회사』 서울: 세종문화사, 1975, 362.
162 배경식, 『경건과 신앙』 서울: 한국장로교 출판사, 2002, 53.

신, 구교 신학자들은 어느 곳에 근거를 두고 자기들이 믿는 하나님만
이 옳고 다른 사람들은 오류를 범하고 있다고 보는가? 이 처절한 전쟁
을 발생케 하는 교리들은 과연 정당한가? 성경에 입각하여 보다 더 기
독교적으로 하나님을 섬길 수 있는 다른 길은 없는가? 서로 다른 기독
교의 이름을 내세우며 살육하는 것이 과연 하나님의 뜻인가?[163]

이 질문은 믿음으로 구원 받은 사람이 구원 받은 이후 어떻게 살아
야 하는가에 대한 것이다. 이 질문에 응답으로 일어난 것이 경건주의
이다. 경건주의는 처음에 할레(Halle)대학에서 시작하였다. 할레대학 교
수요, 목사인 슈패너(P. J. Spener)는 지도자로서 자유스러운 기도 모임
을 가지고 설교하였으며 요한 아른트(John Arendt)의 『진실한 기독교』(True
Christianity)를 사용하여 복음서의 성경 한 부분 문단을 택하여 신앙적인
대화의 출발점을 삼았다.[164] 이들은 경건의 삶을 강조하면서 믿음에는
믿음의 열매가 있어야 한다고 주장하였다.[165]

경건주의자들에게 있어서 믿음의 열매는 그리스도의 사랑을 실천하
는 것이다. "기독교는 하나님의 말씀을 아는 것이 아니라 하나님의 말
씀을 실천하는 행위"라고 이해하였다. 순수한 가르침보다는 경건한 삶
에, 신앙보다는 경건성에, 의롭게 됨보다는 거룩함에 그리고 하나님과
더 가까이 연합하도록 함에 강조점을 두었다.[166]

---

163 배경식, 앞의 책, 53.
164 배경식, 위의 책, 54
165 배경식, 위의 책, 55.
166 배경식, 위의 책, 55.

아른트(J. Arent. 1555-1621)는 "예수께서 말씀하신 대로 자신을 미워하고 부정하며 자신이 가진 모든 것을 부정하는 바로 그가 예수의 제자가 된다."[167]며 "올바르고 참된 예배는 하나님을 올바로 믿는 것이고 회개와 하나님의 은혜와 죄 용서 받는 것을 잘 아는 것이다."[168]라고 주장했다. 또한 그리스도 안에 새로운 삶에 대하여는 "그리스도를 본받음(Imitatione Christi)에 집중되어 있다."고 보았다.

"예수의 삶이 하나님의 아들로서 가장 낮고 천하며 하나님께 순종하는 삶"이었다고 전하면서 "그가 너의 삶의 거울이라."는 법칙, 다시 말하면 올바른 삶의 법칙(regula vitae)이라고 말한다. **"그리스도가 십자가의 고난을 받은 이유는 죄악 속에 있는 너는 그와 함께 죽어야 하며 그 안에서 그와 함께 그를 통하여 영적으로 다시 살아야 하며 새로운 삶으로 변화되어야 하기 때문이다(롬 6:4)."[169]**

아른트는 그리스도의 삶 전체를 기독교인의 삶의 모형으로 보고 있다. "그리스도의 삶은 우리에게 모든 것을 가르친다(omnia nos christi vita docere potost)."[170]

이렇게 슈패너로 말미암아 일어난 경건주의는 진젠도르프(Nikolaus von Zinzendorf 1700-1760)가 세운 헤른후트(Hernhut)에서 실행되고 확산되었다. 그의 아버지는 드레스덴(현 독일) 정부의 한 장관이었다. 그 부친으

---

167 배경식, 앞의 책, 112.
168 배경식, 위의 책, 113.
169 배경식, 위의 책, 114.
170 배경식, 위의 책, 114.

로부터 상속 받은 자기의 넓은 영토가 있었고, 그는 프랑케(Franke)가 경영하는 귀족들을 위한 학교에서 교육을 받았다. 나중에 법을 연구하여 1721-1727년까지 드레스덴에서 법정 변호사로 그리고 상담자로 일하였다. 이때에 보헤미아(Bohemia) 지방에서 일어난 박해 때문에 피난을 오는 자들을 자기의 영토에 거주하게 하면서 1722년 6월 17일 "주의 지킴"이라는 뜻의 헤른후트(Hrenhut) 마을을 건설하였다. 이곳이 흩어진 형제단의 중심지가 된다.[171] 진젠도르프는 헤른후트의 지도자가 되었고 경건주의를 실행하는 사역을 하였다. 그의 지도에 따라 헤른후트 가족, 형제들은 매일 새벽 5시부터 2시간씩 기도와 성경 공부를 하였고 말씀을 따라 사는 경건한 삶을 강조하는 모라비안 형제단을 지도하여 영적인 중심지뿐만 아니라 산업과 무역의 중심지가 되게 하였다. 헤른후트는 선교 운동의 기지가 되었다.[172] 헤른후트 형제단은 농업에 종사하기를 원하였다. 그러나 그곳은 농경지가 협소하여 상공업 분야에 중점을 둘 수밖에 없었다. 그 결과 여관업(Gasthof)과 약국업(Apotheke)을 개시하였다.[173] 형제단에 대하여 연구사가인 H. 함메르(H. Hammer)와 M. 바그너(M. Wagner)는 초기 헤른후트 형제단의 비약적인 경제성장에 주목하면서 다음과 같이 기록하고 있다.

---

171 http://kr.blog.yahoo.com/bawtryhall/MYBOG/print-formpopup.html?tbid=bawtry, 2010. 11. 09.

172 조용래, 「초기 헤른후트 농촌 공업의 특징」, 한국 경제학회 정기학술대회 연구 논문, 서울: 중앙대학교 경제학과, 1997. 2. 14, 11.

173 조용래, 위의 논문, 14.

여관업의 등장에서 알 수 있듯이 이웃에 대한 배려와 뵈메 형제단의 삶의 전통이 움직이고 있음을 볼 수 있다. 여관업은 헤른후트의 교통 조건과 진젠도르프 간의 암묵적인 허가를 얻어 1723년 6월에 개업하고 통행인을 위한 주류 판매, 제빵업, 도살업, 브랜드 주조업 및 판매업 등을 행하였다. 한편 헤른후트의 거주민들을 위한 곡물과 생활필수품 등을 공급하는 역할도 하였다. 이것으로 상품시장 경제에 접속되었다.[174]

약국은 1727년 형제단 내에 고아원을 설립하고 의사 구트비어(Gutbier)가 운영하였으며 가난한 자들에게 값싸고 좋은 약을 공급하기 시작하였다. 그 후 약국은 형제단이 직접 관리하게 되어 형제단을 위한 약품 공급은 물론 1732년부터 시작한 형제단의 해외 선교 사업에 필요한 약품을 조달하는 역할을 맡게 되었다. 그 후 일상 잡화도 판매하였으며 의약품 외에 설탕, 커피, 담배, 건포도, 아몬드, 홍차, 향신료, 올리브유, 식초, 왁스, 분, 봉납, 종이, 문방용구 등이 있었다.[175]

진젠도르프는 많은 여성들을 방직업이나 직물업에 종사하게 했고 수공업이나 상업을 위해 이동의 자유를 주었다.[176] 진젠도르프 생존 시 모

---

174 조용래, 앞의 논문, 14.
175 조용래, 위의 논문, 16.
176 조용래, 위의 논문, 16.

라비안 형제단은 300명의 선교사를 파송하였다.[177] 교회에서 92명 중
한 사람의 비율로 선교사가 배출되었다.[178]

경건주의자들은 학교를 세워 그리스도의 사랑을 실천하고 하나님의
말씀을 실행하는 삶을 살면서 배우지 못한 사람들을 교육하였다. 가난
한 자들과 병든 자들을 위해 약국과 병원을 세웠고, 고아원도 세웠다.
교회 예배당을 세웠고 해외 선교사들도 보냈다. 이런 일을 하려면 재정
이 필요했다. 이 재정을 벌기 위해 산업을 생각했고, 여관업, 약국, 농
사, 제조 생산품을 판매하는 시장을 열어 갔다. 자비량 선교사와 동시
에 후원 선교사도 확대해 나가면서 그 필요성 때문에 경제가 선교와 산
업과 동시에 성장해 나갔음을 볼 수 있다.

> 독신 형제들의 양털 실 제조업은 매우 번창하였고 독신 자매들의
> 천과 섬세한 자수품들은 유럽 왕실에까지 유명하게 되었다. 더닝
> 거(Durninger) 회사는 국제적인 명성을 얻었고 농장과 제과점은 모
> 범적으로 운영되었으며, 이 모든 이익금은 공동 기금으로 예수의
> 금고(Treasury of the Lamb)에 넣었다.[179]

177 마틴 브래히트, "선교, 진젠도르프와 헤른후트 형제단 공동체", 장로회신
학대학교 세계선교연구원「선교와 신학」, Vol. 12, 2003, 272.
178 오스왈드 샌더스, 『영적 지도력』(Spiritual Leadership), 이동원 역, 서울: 요
단출판사, 2011, 22.
179 이동호, 「17-18세기 교회 안에 작은 교회 형성사 연구―슈패너 진젠도르
프 웨슬리 중심으로」, 장로회신학대학교 대학원 석사학위 논문, 2008, 63.

『세계 선교 전략사』를 출판한 김성태 교수는 독일의 모라비안 선교 운동에 대해 이렇게 설명했다.

> 그들은 먼저 선교사 훈련학교를 세워서 선교사들에게 목공일, 자동차 정비, 위생, 음식 조리법을 훈련하게 했다.[180] 둘째는 소그룹을 통한 자비량 선교 전략으로 선교사들은 자급자족을 원칙으로 하여 누구에게도 지원을 받지 않았으며 스스로의 힘으로 선교비를 벌어가며 선교하였다.[181] 셋째로 성육신적(Incanetan) 정신으로 수난을 극복하는 것이었으며 선교지 상황에 적응을 통한 선교였다. 현지인 문화에 관용적이며 자비량 선교였다.[182]

이 일을 주도하며 헌신적으로 한 사람이 프랑케(A. H. Franke)라는 사람이다. 프랑케의 친구들에 의하여 성서공회가 설립되어 성서를 출간하여 염가에 판매했다.[183] 이들은 오직 선교 활동에 전념하였고, 선교 재정을 해결하기 위해 산업 활동, 즉 일을 했다. 이렇게 하는 가운데 선교와 산업이 동시에 발생되었던 것이다.[184]

---

180 Lewis A. J., *Zinzendorf the Ecumenical Pieneer*, philadelphiaiwestminster, 1962, 77. Snyder 166. 재인용.

181 김성태, 『세계 선교 전략사』 서울: 생명의 말씀사, 2009, 98

182 김성태, 위의 책, 100.

183 김성태, 위의 책, 101-103.

184 이영헌, 『교회의 발자취』, 서울: 대한예수교장로회 총회교육부, 1972.4.2. 175. 가나(GHANA)의 선교와 산업

2. 가나의 선교와 산업

서아프리카의 가나는 1815년 네덜란드(Nedeland) 선교사가 들어가면
서 기독교 선교가 시작되었다. 선교사들이 카카오(cacao) 깍지 열매를
가지고 들어갔다. 이 씨앗들을 가나의 건조한 해변가 벨트를 따라 심었
다. 그러나 최초의 카카오 재배는 건조한 날씨와 강한 햇빛 때문에 실패
하고 말았다. 그 후 1857년 스위스 바젤(Basel) 선교사들이 들어오면서
카카오 재배가 이루어졌는데 이번에는 비교적 성공한 것으로 보였다.
이때에 작물들이 아부리(Aburi)에 있는 선교 센터에서 길러졌고, 1868년
에 비로소 크게 번성한 것으로 기록되었다.[185] 하지만 가나에서 상업적
목적으로 카카오를 재배한 것은 가나 사람인 테테콰시(Tetteh Quashie)였
다. 그는 페르난도포(Fernando Po)섬 농장에서 일하다가 고향인 맘퐁(Mam
Pong)으로 돌아왔다. 이때 카카오 깍지를 가지고 돌아왔다. 그는 씨앗을
심었고 그것은 매우 잘 자랐다. 그래서 테테콰시는 가나 카카오나무의
시조가 되었다.[186]

1887년에 총독인 그리피스(Griffiths)가 공식적으로 지원해 주어 도움
을 받게 되었고, 그는 사오톰(SaoTome)에서 깍지를 공급받아 아브리에
식물정원을 만들고 아크와핌(Akwapim)에서 씨앗의 분배를 관장했다.

---

185 Are LA, Gwynne−Jones DRG., *Cacao in West*, Africa Ibaden: oxford
university press, 1974, 7.

186 Are LA, 위의 책, 7.

1885년에 첫 수출량은 54kg으로 가치는 6.05파운드였다.[187] 카카오는 맘퐁과 쿠마시(Kumasi) 사이에서 1915년까지 매우 빠르게 재배되어 가나는 세계 최대의 카카오 생산국이 되었다. 건조된 카카오의 연평균 생산량은 40만 톤이다.[188]

이것이 가나 선교에 큰 영향을 주었고 가나 교회가 경제적으로 자립하는데 큰 도움을 주었다. 선교사가 가지고 들어간 카카오나무의 원산지는 남아메리카의 아마존 바신(Basin) 저지대 열대우림과 안데스 지역에서 키가 큰 나무 밑에서 작은 나무로 자란다. 카카오나무는 이곳으로부터 과테말라(Guatemala), 유카탄(Yucatan), 온두라스(Honduras) 숲으로 옮겨져 마야인들에 의해 재배되었다. 마야인들은 카카오 문명을 완성했다.[189]

1502년 콜럼버스(Columbus)의 신세계로 향하는 네 번째 항해 중에 온두라스 해변에서 카카오 열매를 가득 실은 카누와 마주쳤다. 그 후 20년 에르난도 코테스(Hernando cortes) 지휘 아래 아즈텍(Aztec)을 정복한 스페인 사람들은 아즈텍 황제인 몬테주마(Montazuma)의 창고에서 엄청난 양의 카카오 열매를 발견했다. 이것을 음료수로 만들었고 그것을 쇼크아틀(Xocoatl)이라 불렀고, 여기서 초코레트(Chocolate)라는 이름이 나왔다. 이것을 가지고 음료와 고체로 개발하여 세계로 수출하는 상품이 되

187 Are LA, 앞의 책, 8.
188 Are LA, 위의 책, 8.
189 Are LA, 위의 책, 5.

었다.[190]

　카카오 농사는 1840년에 당시 스페인령이었던 페르난도포섬에서 소
개되었는데 이는 스페인 사람이 아닌 시에라리온(Sierra Leone)의 프리타
운(Freetown) 사람인 프래트(William Praft)에 의해서다. 그는 서인도에서 목
수 일을 했는데 고향인 프리타운으로 돌아온 후 마땅한 일감이 없어서
다시 해외로 나갔는데 그곳이 목수 일을 필요로 하는 페르난도포섬이었
다. 그는 도착하자마자 그곳의 토양을 보았다. 그는 이 땅의 토양이 그
가 살던 서인도와 비슷하게 기름지다는 것을 알았다. 그는 카카오 씨를
가져와 그곳에 심고 가꾸어 성공을 거두었다.[191] 이 카카오 농사가 점점
주변 나라로 퍼져 나갔다. 나이지리아는 1874년부터 카카오 재배를 시
작했다. 이 시기에 1876년에 스위스에서 밀크 초콜릿을 만드는 방법이
완성되면서 먹는 초콜릿 생산이 급속하게 늘어나게 되었다. 이 영향으
로 나이지리아는 카카오 재배가 정부 정책으로 확산되어 1960년에 세
계에서 두 번째 생산국이 되었다. 현재는 연평균 수출량 20만 톤이 넘
는다.[192] 이것은 가나의 수출량의 절반에 해당된다.

　아이보리코스트(Ivory Coast)는 카카오 농사를 반대했다. 프랑스 당국
의 설득에 의해 그들은 마지못해 카카오나무를 심기도 했다. 낮에 씨앗
을 심은 후 밤에 뜨거운 물을 부어 죽이곤 했다. 1908년 프랑스 정부는

---

190 Are LA, 앞의 책, 6.
191 Are LA, 위의 책, 7.
192 Are LA, 위의 책, 7.

카카오 재배를 법제화했다.[193] 가공된 카카오 열매는 1917-18년부터 수출되기 시작했고 지금 수출량은 연간 18만 톤이다.[194]

카메룬(Cameroon)은 독일 식민지였는데 1892년에 세상에 알려졌고 식물정원에 심어졌다. 카메룬 남동부 지역에 재배하여 연간 수출량은 11만 톤이다.[195]

시에라리온에는 1905년과 1912년에 가나로부터 두 차례 더 카카오가 전해졌다. 이것은 엔젤라에 있는 농업 실험장에서였다. 그 재배는 실패하였다. 그 후 1925년에 사설 농장이 생겨났고 그 후 카카오가 재배되었다. 건조 카카오 열매가 연간 6,000톤이 수출되었다.[196] 라이베리아(Liberia)에는 언제부터 카카오가 생산되었는지 알 수 없지만 연간 1,300톤이 수출이 되고 있다.[197]

이러한 농업은 처음에 선교사들에 의하여 가나에서 시작되었다. 이것은 지리적으로 배가 들어갈 수 있는 지역이어서 서아프리카 주변 나라에 쉽게 퍼져 나갔고 세계인들이 즐겨 먹는 상품인 초코렛 생산 국가들이 되었다. 이것이 서아프리카 지역 교회들에게도 초코렛 산업이 경제적으로 큰 도움이 된 것이다.

---

193 Are LA, 앞의 책, 8.
194 Are LA, 위의 책, 8.
195 Are LA, 위의 책, 8.
196 Are LA, 위의 책, 9.
197 Are LA, 위의 책, 9.

3. 덴마크의 선교와 산업

　프랑스 선교사 앤스가(Ansgar)가 826년경 스칸디나비아 일대에 선교
를 시작하면서 스웨덴, 노르웨이, 덴마크 3개국이 세상에 알려졌다.[198]
현재 덴마크는 "덴마크에는 가난이 없다."[199]고 할 정도의 경제적으로
안정되었다. 오늘날 거의 모든 선교지에 큰 문제 중의 하나는 빈곤이
다. 가난을 극복하기 위해서는 경제적 산업의 정책과 전략이 필요하고,
그 모든 것은 선교적으로 실행할 지도자가 있어야만 가능한 일이다. 바
로 이러한 조건 속에서 경제적 산업을 선교적으로 실행하여 성공한 역
사를 덴마크에서 찾아볼 수 있다. 이러한 선행 역사를 통해 자립선교의
모델을 찾아보는 것은 매우 중요하다.

　1864년은 덴마크가 프로이센과 오스트리아와의 망국적 전쟁에서 패
전한 해였다. 덴마크는 패전으로 국토의 3분의 1에 해당하는 곡창지대
였던 홀스타인(Holstain)과 슬레스비(Slesvi) 두 지구를 빼앗기고, 수도 코
펜하겐은 폭격을 당하여 잿더미가 되고 말았다. 국민과 국토는 잃어버
리고 재산은 몰수당하였다.[200] 덴마크의 철학자 키르케고르(Kierkegaard,
1813-1855)는 『죽음에 이르는 병』이란 책에서 그것은 희망을 잃어버린 것
이라고 설명하였다.[201] 덴마크 국민은 희망을 잃어버렸다. 청년들은 방

---

198 안승오 박보경, 『현대신학개론』, 서울: 기독교서회, 2008, 107.
199 김영환, 『지도자의 고향』, 서울: 숭문사, 1968, 63.
200 김영환, 위의 책, 24.
201 김영환, 위의 책, 65

황하면서 허송세월을 보냈다. 이렇게 살다가 죽자는 것이었다.[202]

이때에 구국 영도자로 불리우는 그룬드비(N.F.S Grundtvig, 1783–1872) 목사가 65세의 노구로 구국 운동에 나섰다. 그는 스캄링스뱅컨(Skamlings-banken)이라는 노천 강연장에서 강연하기 시작했다.[203] 그가 강연하며 외친 말은 다음과 같다.

> 하나님을 사랑하라! 하나님은 스스로 돕는 자를 도우신다! 왜 낙망할까 보냐! 저 하늘에 계신 하나님이 도우신다. 우리가 살려고 하면 하나님은 우리를 도우시리라. 땅을 사랑하라! 좋은 땅은 독일에 빼앗기고 황무지 모래밭만 남는다 해도 낙망할 필요가 없다. 황무지 모래밭도 사랑하고 갈면 옥토로 변할 수 있다. 이웃을 사랑하라! 똑똑한 청년들은 전쟁에 다 쓰러졌고 약자들만 남았다 해도 낙망할 필요 없다. 우리의 힘을 뭉치면 된다. 우리가 서로 사랑하고 뭉치면 위대한 힘을 발휘할 수 있다.[204]

이와 같은 구호를 외치며 애국운동이 다방면으로 일어나기 시작하였다. 도시, 농촌에서도 일어났는가 하면 교육가와 목회자 사이에서도 일어났다. 교육 운동은 그룬드비가 창안한 콜 국민고등학교에서 일어났고, 개척 운동은 달가스(E. M. Dalgars)가 일으켰다. 농업혁신운동은 주곡

---

202 김영환, 앞의 책, 67.
203 김영환, 위의 책, 68.
204 김영환, 위의 책, 70

농업에서 주축 농업으로 전환시켰다.[205] 이와 같은 전쟁 폐허에서 빈곤에 빠진 나라와 국민들을 건져 내는 좋은 실행 전략은 국민운동보다는 선교적 관점의 농민 교육에 있었다. 그룬드비는 1798년 코펜하겐대학 신학부에 장차 목사가 될 학생들을 위해 농업 강좌를 개설하였다.[206] 목회자들을 농촌지도자로 보내기 위하여 필수과목으로 교육한 것이다.[207] 이 강좌는 당시 신학자요 농학자인 베어텝(G. O. Bertrup) 교수가 담당하였고 역사적인 강의가 시작되었다. 농촌으로 돌아가는 목사들은 교회를 중심으로 해서 농업과 생활지도도 했다. 당시 교회는 농촌진흥센터 역할을 담당했다. 현재 덴마크 유일의 농과 대학이 설립(1799년)되어 농업기술을 가르치기 시작하였다.

1844년 특기할 사실은 농민의 눈을 뜨게 한 국민고등학교의 발족이었다. 덴마크 농민을 살리는 것이 덴마크 전체를 살리는 길이고, 농촌을 윤택하게 만드는 것이 덴마크를 근대화하는 길로 알고 농민 교육을 창안했던 것이다.[208] 그룬드비 목사의 교육 이념은 "부자도 없고 가난한 자도 없다(Few have too much, still fewer too little)."이다. 이것은 그의 민주주의 표어였다.[209] 그의 신앙 구호는 다음과 같다.

오 하나님께로 돌아가자! 오 거룩한 말씀을 챙기고 아버지의 나

---

205 김영환, 앞의 책, 70.
206 김영환, 위의 책, 18.
207 김영환, 위의 책, 18.
208 김영환, 위의 책, 18.
209 김영환, 위의 책, 109.

라를 사랑하자. 역사를 자랑하는 조국이 우리에게 있다. 세계의 어느 나라에 뒤지지 않는 그러나 그 몸은 병들고 그 맘은 얼었다. 힘쓰지 못하는 이 나라 주님의 거룩한 말씀, 선조들의 행동들, 오직 거기서만 힘을 찾겠건만 모든 것이 북쪽 나라에서 잃어졌구나. 하나는 가슴에 믿음이 불일듯 하게 하는 하나님의 거룩한 말씀이요 또 하나는 조상들의 행적들 너와 나의 마음을 북돋고 힘주는 것 이 두 가지를 손과 가슴에 담아야 한다.[210]

현재 덴마크의 자립 상황을 살펴보자. 세계은행(World Bank)이 조사한 세계개발보고서 2006(World Development Report 2006) GDP와 세계빈곤지수를 보면 다음과 같다.[211]

〈표 1〉 선별국가들에 대한 2005년도 수입과 빈곤지수

	GDP 1인당 PPP (국제 2,022달러)	하루 1달러 미만 생계유지자비율	하루 2달러 미만 생계유지자비율	인간빈곤지수 (100=최고)
아시아(중동 제외)	4,684			
방글라데시	1,695	36.0	82.8	42.2
캄보디아	2,001	34.1	77.7	42.6
중국	4,577	16.6	46.7	13.2
인도네시아	3,223	7.5	52.4	17.8
인도	2,681	34.7	79.9	31.4
일본	26,937			
한국	17,161			

---

210 김영환, 앞의 책, 166.
211 Bonk Jonathan, 『선교와 돈』, 앞의 책, 53-54.

	GDP 1인당 PPP (국제 2,022달러)	하루 1달러 미만 생계유지비율	하루 2달러 미만 생계유지비율	인간빈곤지수 (100=최고)
필리핀	4,171	14.6	46.4	
태국	7,009	2.0	32.5	31.1
유럽	18,097			
덴마크	30,943			
핀란드	26,186			
프랑스	26,921			
독일	27,102			
헝가리	13,869	2.0	7.3	
노르웨이	36,596			
루마니아	6,556	2.1	20.5	
러시아 연방	8,269	6.1	23.8	
스페인	21,457			
스웨덴	26,048			
스위스	30,008			
우크라이나	4,887	2.9	48.7	
영국	26,155			
중동부와 북아프리카	5,994	2.4	29.9	
사하라 남아프리카	1,779	46.5	78.0	
콩고 민주공화국	621	n.a.	n.a.	42.9
에티오피아	745	26.3	80.7	55.5
가나	2,141	44.8	78.5	26.0
케냐	1,018	23.0	58.6	37.5
나이지리아	919	70.2	90.8	35.1
남아프리카	10,152	7.1	23.8	31.7
우간다	1,486	n.a.	n.a.	36.4
탄자니아	579	19.9	59.7	36.0
잠비아	839	63.7	87.4	50.4
북미	53,138			
캐나다	29,484			
미국	35,746			

	GDP 1인당 PPP (국제 2,022달러)	하루 1달러 미만 생계유지자비율	하루 2달러 미만 생계유지자비율	인간빈곤지수 (100=최고)
중앙아메리카와 카리브지역	7,347			
코스타리카	8,817	2.0	9.5	4.4
엘살바도르	4,887	31.1	58.0	17.0
과테말라	4,058	16.0	37.4	22.5
아이티	1,623	n.a.	n.a.	44.1
온두라스	2,579	23.8	44.4	16.6
멕시코	8,972	9.9	26.3	9.1
남미	7,333			
아르헨티나	11,083	3.3	14.3	
볼리비아	2,459	14.4	34.3	14.4
브라질	7,752	8.2	22.4	11.8
콜롬비아	6,493	8.2	22.6	8.1
에콰도르	3,583	17.7	40.8	12.0
페루	5,012	18.1	37.7	13.2
베네수엘라	5,368	15.0	32.0	8.5
오세아니아	21,348			
호주	28,262			
뉴질랜드	21,742			

2011년 덴마크 GNP. 59,928달러 세계 7위 경제수준이다.[212] 2011
년 세계은행 통계 덴마크 GDP는 59,684 달러이다.[213]

---

212 2011년도 IMF 기준.
213 http://data.worldbank.org/indicator/NY.GDP.PCAP.CD, 2012.08.07.

4. 이스라엘의 선교와 산업

선교학자 게린 밴 뤼넨(Gailyn Van Rheene)은 "하나님이 선교의 원천이다. 신약과 구약에 하나님의 사역이 생생하게 묘사되어 있는 바와 같이 세상을 창조하시던 바로 그때부터 위대한 선교의 창시자이셨다."[214] 그리고 "하나님의 선교 사역은 하나님의 마음속에서 시작된다."[215] 또한 "선교의 기본은 보냄(파송)이다."라고 하였다.[216] 스캇 모로(A Scott Moreau)는 그의 저서 『21세기 현대 선교학 총론』에서 복음서 특히 누가복음과 요한복음에 나타난 예수님의 선교 사역의 모습을 기록하고 있다.[217] 예수님은 세상에 보내심을 받고 오셔서 하나님의 뜻을 행하시고(요 3:16, 6:38-40), 또 제자들을 훈련시켜 세상에 다시 보내셨다(마 28:19-20). 안승오와 박보경은 창세기 12장 1-3절에 근거하여 하나님이 이스라엘의 족장 아브라함을 보내시어 하신 일은 하나님과 그 백성이 언약적 관계 속으로 들어가게 되는 특수주의적(Particularistic) 측면이며 그 결과 "땅의 모든 족속이 너를 인하여 복을 얻을 것이다."라고 하였다.[218]

이러한 기록들은 이스라엘 땅이 하나님의 선교지라고 증언하고 있다. 선교의 창시자이며 주인이신 하나님이 족장 아브라함을 선택하시

---

214 게린 밴 뤼넨, 『선교학 개론』(Mission), 홍기영 외 1인 역, 서울: 도서출판 서로사랑, 2003, 32.
215 게린 밴 뤼넨, 위의 책, 41.
216 게린 밴 뤼넨, 위의 책, 63.
217 스콧 모로우 외 2인 공저, 『21세기 현대 선교학 총론』(Introducing World Mission), 김성욱 역, 서울: 크리스찬출판사, 2009, 73-77.
218 안승오 외 1인 공저, 『현대 선교학 개론』, 서울: 대한기독교서회, 2008, 22-23.

고 "보여 주는 땅으로 가라(창 12:1)."고 하셨다. 족장도 보내셨고, 예언자도 보내셨고, 하나님의 외아들 예수님도 보내셨다(요 6:38-40). 그러므로 이스라엘 가나안 땅은 하나님의 선교지이다.

A.D. 70년에 로마의 티투스(Titus) 장군의 휘하에 있는 로마군대에 의해 예루살렘이 함락되고 초토화되었다. 유대인들은 온 세계로 흩어지는 수모와 고통을 당하였다. 세계 곳곳에서 핍박과 학살도 당했다. 이러한 위협과 고통 가운데 1882년 동유럽에서 17가정이 처음으로 이스라엘 땅으로 돌아와 공동체 협동 마을을 개척하기 시작하였다. 이 마을이 첫 번째 시온이다.[219] 현재 이 마을은 이스라엘에서 네 번째 큰 도시로 발전하였다. 리쇼레치온박물관(The Museum of Rishon Le-Zion)에서 펴낸 사진 카탈로그에 의하면 1882년에 이곳은 황무지 모래 언덕이었다.[220] 이곳에 우물을 파고 마을을 세우고 땅을 개발하여 농장 산업을 이루고 공업협동(共業協同) 마을을 세웠다. 개발자들이 모래땅을 일구어 시온 땅을 개발하는 역사가 기록되어 있다.[221]

테오도르 헤르첼(Theodor Herzel)이 프랑스에 특파원으로 갔던 때 1894년 유대인 장교 드레퓌스(Dreyfus)가 간첩 누명을 쓰고 처형당하는 사건을 만난다. 이 사건이 일어난 이후 테오드르 헤르첼은 세계 곳곳에서

---

219 Meir Nitzan, *Rishon-Pictures In Time from village to city 1882-2003*, Exhibition catalogue Israel, 10-79.

220 Rishon Le-Zion, *The First "Moshava" of The "First ALIYA"*, 1882년 3월 19일 욥바에 상륙하였고 농업협동 마을을(모샤브) 건설하였다.

221 The Founders of Rishon Le- Zion, *Catalogue Museum of Rishon Le-Zion*, Israel, 2006.

유대 민족으로 사는 아픔과 위협을 느끼고 "우리 민족이 세계의 어느 곳에서도 안전한 곳은 없다. 시온 땅으로 돌아가 이스라엘 민족 국가를 세워야 한다."고 부르짖었다. 이 말에 동의하는 유대인들이 제네바에 모여 약 200회 회의를 가지며 드디어 시온주의가 일어났다.[222] 그리하여 세계에 흩어진 유대인들이 시온 땅으로 돌아오기 시작했다. 이들을 히브리어로 '알리야' 곧 '돌아오는 사람들'이라 불렀다. 이들이 현재 이스라엘 땅 서쪽 지중해에 가까운 곳에 샤론 평야와 블레셋 평야를 개발하여 오늘의 이스라엘 농업 국가를 이루었다.

이스라엘의 농업 정책을 살펴보면 1986년 실시하고 있는 5개년 농업 개발 목표는 다음과 같다.

① 농가 소득 증대와 안정 유지
② 자원의 효율적 이용
③ 새로운 농업정착촌 건설[223]

이러한 정책적인 개발 목표 아래에 실행되는 것이 키부츠(Kibbutz)와 모샤브(Moshave) 운동이다. 농촌 개발에 큰 공헌한 곳은 키부츠 운동이다. 키부츠는 이데올로기 성향을 띤 공동정착촌(Communal Settle-ment)으로 최초 키부츠는 1909년 갈릴리 호수 아래에 세워졌고, 그 키부츠 이

---

222 htpp://cafe411.daum.net.c21/bbs-print?grpid=hgqo&mgrpid=fldid=Lext&datai, 2010. 11.04.

223 류태영, 『이스라엘 국민정신과 교육』 서울: 이스라엘문화연구원, 1986, 84.

름이 '드가냐(hyngd)'이다. 현재 이스라엘에는 264개의 키부츠가 있으며 몇십 명에서 2,000명의 큰 규모까지 다양하다.[224]

키부츠는 하나의 자원 집단 사회로서 대부분 농업을 주 생산업으로 하고 일체의 재산을 공유하며 회원들이 필요한 모든 것을 무제한 공급하는 초 대가족과 같은 성격의 사회다. 다시 말하면 공동으로 생산, 판매, 생활, 소유하는 집단이다. 즉 공동운명체로 묶인 집단 농장을 말하는 것으로 규모가 작은 것은 30여 세대에 100여 명 식구, 큰 것은 800여 세대에 2,500명 대 식구가 한데 모여 사는 농촌 사회이다. 이들은 이스라엘 농업 개발과 국가 사회건설에 막중한 공헌을 해 왔다. 그렇기에 초창기 정부와 국가 지도자들은 대부분 키부츠와 모샤브의 농촌지도자들이었고, 지금도 이스라엘 각계각층의 지도자들은 키부츠 운동에 참여한 사람들이다.[225]

키부츠는 시온주의 청년 개척 운동이다. 청년들은 군에 입대해 훈련받으며 배우고, 농업 개발을 목표로 하며, 군복무 기간이 끝날 때 국유지를 49년 동안 대여받아서 개척한다.[226]

---

224 Rapbael Bar−El led, *Rural Industrialization in Israel,* Boulder and London: Westview press, 1987, 21.

225 류태영, 앞의 책, 94.

226 류태영, 위의 책, 98.

키부츠 경제를 살펴보면 원래 목표대로 농업이다. 그러나 이스라엘 경제가 변천함에 따라서 함께 다양화되었으며 현재는 키부츠 전체적으로 볼 때 농업 수입보다는 다른 분야에서 수입이 더 많다. "키부츠는 합판 공장, 식료품가공 공장, 인쇄 공장, 방적 공장, 플라스틱 공장, 취사 기구 공장, 어선, 호텔 그리고 식당 등을 운영한다."[227] 특히 이스라엘의 국토는 강수량이 적어 농업하기가 어렵다. 그들은 강우량이 적어도 갈릴리 호수 물을 파이프로 끌어들여 주곡 농사나 과수 원예나 화훼 원예, 채소 원예를 최고 품질로 가꾸어 낸다. 제일 비가 오지 않는 곳이 요단강 계곡과 네게브(Negeve) 지역이다. 이곳에 스프링쿨러와 점적호스 공법으로 고품질의 파프리카, 아보카도, 망고, 토마토, 오렌지, 메론 등을 생산한다. 그들은 이렇게 생산한 과일을 항공기 수송망을 통해 유럽 시장으로 직송하여 수출하므로 농업 생산 판매를 보장하였다. 그 결과 생산 차질이나 과잉 생산으로 가격이 하락하는 것을 막을 수 있었다.[228] 히브리대학 문드라크(Mundrak) 교수는 이스라엘의 농업이 정부의 통제 없이도 효율적으로 운영할 수 있다고 주장한다. 그가 지적하는 것을 보면 다음과 같다.

많은 농장에 자원 할당을 균등하게 하려는 농업 정책은 기초적으로 성공을 낙관하기 힘들다. 이는 농부가 자유롭게 농지와 용수를 구입할 수 없을 뿐만 아니라 각 농장에 고정되게 물량을 배분

---

227 류태영, 앞의 책, 99.

228 Gal John, *Kibbutz Trends,* Jerusalem: Hebrew university, 1993, 43.

하였음에도 농장마다의 성과는 많은 차이를 보이고 있다. 그러므로 엄격한 통제 아래에서의 균일한 자원 배분이 반드시 균등한 자원 배분이라고 볼 수 없도록 만든다. 그러므로 산술량에서 큰 효과를 거둘 수 있도록 자원의 재분배 정책이 허용되어야 한다. 물론 이러한 견해는 농업 소득의 균등 분배를 위하여 자원의 균등 분배가 이루어져야 한다는 이론과 대치되는 것이다. 그러나 이러한 이론의 고수는 실제 추가적인 자원 할당을 통해 비효율적인 농장의 손실을 보존해 줄 목적으로 더욱 많은 자원의 낭비를 초래케 될 것이다. 그러므로 이러한 결과에 따라 보다 효율적인 농장에 더욱 많은 자원을 투입하여 생산성의 증대를 도모하는 편이 더 낫지 아니한가?[229]

또한 히브리대학 농업경제학과의 샤단(Shadan) 교수는 훌륭한 여건을 갖춘 모샤브와 키부츠 농장의 표본을 분석한 결과 모샤브에서 가족 단위 농장의 한계 생산 가치가 키부츠보다 훨씬 앞서 있음을 밝혀냈다.[230] 이러한 연구 분석을 통해 볼 때 키부츠와 모샤브가 각각 장단점이 있지만 현재 키부츠보다 개인적인 삶이 있는 모샤브 쪽으로 많이 이동한다. 모샤브 협동 농촌 운동의 모습을 살펴보면 첫 번째 시온 모샤브는 1882년에 시작되었다. 그러나 본격적으로는 1921년에 확대되었다. 처음에는 4대 원칙이 있었는데 "토지의 국유(national land)", "협동 시장체제(co-

---

229 류태영, 앞의 책, 92.
230 류태영, 위의 책, 93.

operative marketing)", "자가 노동(Self-labour)", "상부상조" 등이다. 이 원칙
에 따라 설립 목적이 있다.

> ① 모샤브는 정착민들을 훌륭한 농부가 되게 하고 자가 노동의
> 원칙하에 사유재산 제도 개별의 토지에 대한 권한은 회원이
> 되면서부터 권리가 발생하며 이는 협정서에 의하여 보장된
> 다.[231]
> ③ 회원들의 생산, 판매, 구입 등은 일체 협동조합을 통하여 실
> 시한다.
> ④ 부락 공공시설과 그 운영 기능은 부락 당국에 의하여 지배되
> 고 있는데 부락의 행정은 완전 자치제도 주민총회를 그 최고
> 의결기관으로 한다.[232]

토지는 경작권을 49년씩 계약하여 보장하고, 재연장이 가능하며, 자
녀에게 명의 이전을 권리로 인정한다.[233] 농업 생산은 토질과 시장성을
고려하여 일정한 농작물 생산 단지로 조성하고 종합농장으로 축산을 겸
한 일반 농사를 하고 있다. 토지 매매와 노임 운동이 금지되어 있으므
로 협동조합의 농기구를 이용하고 사용료를 지불한다.[234] 농산물은 신

---

231 류태영, 앞의 책, 110.
232 류태영, 위의 책, 110.
233 류태영, 위의 책, 111.
234 류태영, 위의 책, 112.

속 처리하여 중량에 따라 가격을 회원의 은행구좌에 입금시켜 준다.[235] 이들의 삶은 모세 5경(Torah)을 따르며 수천 년간 전쟁과 흩어지는 고통과 가난의 시련을 이겨나가고 있다. 현재 이스라엘의 일인당 GDP는 31,282달러이다.[236]

5. 한국의 선교와 산업

한국 선교에 많은 영향을 끼친 것 중의 하나가 네비우스 선교 정책이다. 중국 산동 북장로교 선교회 존 네비우스(John L Nevius) 박사는 1880년에 이 정책을 고안하고 먼저 자기 선교회 사람들에게 제시하였지만 거부당했다.[237] 동역자 마티어(Mateer) 박사는 실제로 네비우스 박사의 아이디어를 논박하고 이 방법이 중국에서 통하지 않을 것이라는 내용의 소책자를 출간했다.[238]

네비우스 박사는 자신의 선교 정책을 대량으로 개선하여 모두 그의 원리를 따랐고 그 방법이 한국에 적용되었다. 그 원리는 영국선교회 총무 헨리 벤(Henry Venn)과 미국 공리회 해외 선교부 총무 루퍼스 앤더슨

---

235 류태영, 앞의 책, 113.

236 http://data.worldbank.org/indicator/NY.GDP.PCAP.CD, 2012.08.07.

237 곽안련, 『한국 교회와 네비우스 선교 정책』(The Nevius plan for Mission Work Illustratedin Korea), 박용규 외 1인 역, 서울: 대한기독교서회, 1994, 16.

238 곽안련, 위의 책, 16.

(Rufus Anderson)의 3자 이론(Three-Self Theory)이었다.[239] 곧 선교지의 신생 교회들이 해외 선교회로부터 독립하여 자립, 자치, 자전(Self-supporting, Self-governing, Self-propagating) 토착 교회로 성장하는 것을 선교의 최종 단계로 설정하고 토착인 목회자 양성에 힘을 기울이었다.[240] 그러나 네비우스의 20년(1860-1879년) 산동 선교는 성공적이지 못하였고, 새로운 개척지를 찾아 전혀 새로운 방법으로 선교했고 모든 곳에서 완전한 자립의 원칙에 따라 주변 지역으로 공격적인 전도가 이루어지고 있다고 편지로 뉴욕 본부에 소식을 보냈다.[241] 네비우스 방법은 한국에서 채택되어 성공적으로 진행되었다. 1896년 서인도 북장로교 선교 대회에서 공식적인 정책으로 채택되었고 세계 각지에서 호응을 보이기 시작하였다.[242] 그 방식은 두 가지로 곽안련(C. A. Clark) 박사가 요약하였다. "그것은 옛 방식과 새 방식이라 부른다. 그러나 둘 다 긍정적으로는 독립적이고 자립적이며 적극적인 현지 교회의 설립을 추구한다."[243] 두 방법은 다음과 같다.

A. "옛 방식은 주로 유급 현지인 대리자에게 의존한다." 그리고 외국 자금을 사용함으로써 발전의 최초 단계에서 현지 교회

---

239 옥성득, 『한국장로교 초기 선교 정책』(1884-1903), 보스톤대학교 박사 과정 연구 논문, 119.
240 옥성득, 위의 책, 119.
241 옥성득, 위의 책, 136.
242 옥성득, 위의 책, 141.
243 곽안련, 앞의 책, 25.

들의 성장을 북돋우고 자극하고자 노력하며 그 후 점차적으로 그러한 자금의 사용이 중단되기를 기대한다. "옛 방식은 실행할 수 있는 한 현지 교회 교인들 가운데서 가장 진보적이고 지성적인 자들을 유급 매서인, 성경 중개상, 복음전도자 혹은 거점(또는 지 교회)의 지도자로 이용한다."

B. "새 방식(네비우스 방식)은 유급 현지인 매개자의 가치를 덜 인정하며 그들의 수를 최소화하고자 한다. 그리고 독립과 자기 의존의 원리를 아예 처음부터 적용할 때 독립적이고 자립적이며 적극적인 현지인 교회의 설립이 가장 빨리 이루어진다고 믿는다. 새 방식은 현지 매개자로 고용된 사람들이 자신들의 본고향과 일터에 그대로 머물러 있을 때 궁극적으로 훨씬 더 유용할 것이라고 믿는다."[244]

곽안련 박사는 네비우스 정책이 동료들에게 논박당하고 거부당했으나 또 새로운 방법을 찾아 한국에서 드디어 채택되었고 성공적으로 적용되었다고 증언하면서 그 정책을 10가지로 요약해 주었다.[245]

① 선교사가 개인적으로 널리 순회하며 전도함.

② 사역의 모든 분야에서 성경이 중심이 됨.

③ 자전: 모든 신자는 다른 사람을 가르치는 자가 되며 동시에 자

---

244 곽안련, 앞의 책, 25.
245 곽안련, 위의 책, 44.

기보다 나은, 다른 사람으로부터 배우는 자가 된다. 모든 개
인과 집단(소수 그리스도인의 모임)은 휘문이 법에 의해 사역을 확장
시키려고 노력한다.

④ 자치: 모든 그룹은 선임된 무보수 영수의 관할을 받는다.
순회 교구들은 나중에 목사가 될 유급 조사들의 관할을 받는
다. 순회 집회 시에는 교인들을 훈련시켜 훗날 구역, 지역, 전
국의 지도자가 되게 한다.

⑤ 자립: 신자들이 스스로 마련한 예배당을 소유한다. 각 그룹은
창립되자마자 순회조사의 봉급을 지불하기 시작한다. 학교조
차도 부분적인 보조금을 받도록 한다. 이것은 설립될 당시에
만 필요하다. 개 교회의 목사에게 외국자금으로 사례를 지불
하지 않는다.

⑥ 모든 신자는 그룹 영수와 순회 조사 아래에서 조직적인 성경
공부를 한다. 그리고 영수와 조사는 성경 연구 모임을 통해 조
직적으로 성경을 공부한다.

⑦ 성경적 형벌을 통해 엄격한 징계를 실시한다.

⑧ 다른 선교 단체와 협력하고 연합한다. 아니면 최소한 영역이
라도 분리한다.

⑨ 법정 소송 사건이나 유사한 문제에 대해 간섭하지 않는다.

⑩ 민중의 경제 문제에서 가능할 경우 일반적인 도움을 준다.[246]

---

246 곽안련, 앞의 책, 44-45.

마펫(S. A. Moffett)은 1909년 선교 25주년 기념식에서 초기 선교 정책에 대해 언급하면서 1890년 네비우스에게서 받은 "큰 원리가 된 두 가지 씨앗 사상"은 "사경회 제도와 자급이었으며 한국 상황에 맞도록 상당한 수정을 가했다."라고 밝혔다.[247] 이 사경회는 새벽기도와 연보가 시작된 공간이다.[248] 사경회 경비는 모두 자비 부담이었다. 전교인이 성경과 교리를 배우고 훈련받기를 원했기 때문이다. 언더우드(H. G. Underwood)가 표현한 대로 본인들이 스스로 예배당을 마련하되 토착적이고 지역 교회가 감당할 수 있는 양식으로 지어야 한다.[249]

이것은 자립을 시행하는 모습이었는데 종합해 보면 성경 공부를 위한 사경회는 부흥회적 선교였고, 이런 모든 행사는 선교부의 자금이 아니라 자비부담으로 자립적이었고, 성도들의 연보로 되었고, 전도하는 일도 모두 자전적으로 시행되어 부흥을 가져왔다는 것이다. 그러나 연보하는 교회 성도들의 삶에 산업을 일으키고, 경제적 개발로 당시 동양의 최빈국의 가난을 몰아내며 풍성하게 사는 삶을 가르치는 일은 네비우스 정책에서는 시행하지 않았다. 이런 일을 구체적으로 농촌운동을 일으키며 시행한 사람은 배민수 박사이다. 배민수 박사는 1928년 기독교 농촌 연구회를 결성하여 집행위원장으로 일하였고, 1931년에 미국으로 유학하여 맥코믹신학교를 졸업하였다. 귀국 후 평양에 기독교 농

---

247 곽안련, 앞의 책, 155.

248 곽안련, 위의 책, 159.

249 Underwood H. G, *Call of Korea,* New York: Fleming H Revell, 1908, 110. 재인용.

촌 연구회를 재건하였으며 1933년 장로교 총회 농촌부 시무국 초대 총무로 장로교 농촌 운동을 전개했다.[250] 배민수 박사가 한국 교회와 농촌 운동으로 자립정신과 기술과 방법을 깨우쳐 준 사역은 1954년 봄, 기독교 연합 봉사회와 협력으로 대전 기독교 농민 학원을 개설하여 원장으로 취임하고 미국에 농업 기술자와 교수들을 초청하였고, 여러 교회 내 젊은 청년들을 불러 모아서 단기 강습과 장기 농업기술 강습회를 실시하여 가난을 극복하고 부요하게 되는 삶을 가르쳐 주었다. 1959년 대전 기독교 농민학원 내 여자 단기 강습회를 실시하다가 1964년에 여자부를 분리하여 기독교 여자 농민학원을 설립하였다.[251] 또한 1966년 3월 30일 경기도 안산에 삼애농민학원을 설립하였고, 설립 목적에 따라 정관을 만들고 1967년 12월 26일 재단법인 삼애농업기술학원을 개강하였다.[252] 그의 농촌운동 정신은 덴마크와 비슷한 세 가지 정신이다.

① 하나님을 사랑하자.
② 우리는 농촌을 사랑하자.
③ 우리는 노동을 사랑하자.[253]

250 방기중, 『배민수의 농촌 운동과 기독교 사상』, 서울: 연세대학교출판부, 1999, 294.
251 방기중, 위의 책, 295.
252 방기중, 위의 책, 296.
253 배민수, 『그 나라와 한국 농촌』, 서울: 대한예수교장로회 총회교육부, 1965, 147-150.

이 정신을 가지고 농촌 목회자와 교인들을 깨우치는 운동을 하였고, 이것이 농촌산업에 큰 영향을 주어 농촌 농업기술이 고도로 발달하였다. 한국은 5.16 혁명 이후에 산업화가 일어나 오늘의 경제 성장을 이루었고, 농산물 브랜드화가 되어 농민 소득이 증가하였으며 풍성한 삶이 이루어지고 있다. 이 영향으로 교회들은 자립적으로 예배당을 건축하였고 넘치는 재정으로 세계에 선교사를 보내고 계속 사역을 하고 있다.

6. 발견한 선교 이론 정리

1) 성육신적 사역: 성육신적 선교 사역은 예수님이 이 세상 사람들이 사는 사회에 오셔서 하신 일로서 그 방법과 전략을 통찰하고 그를 따르는 일이다.

> 내가 하늘에서 내려온 것은 내 뜻을 행하려 함이 아니요 나를 보내신 이의 뜻을 행하려 함이니라 나를 보내신 이의 뜻은 내게 주신 자 중에 내가 하나도 잃어버리지 아니하고 마지막 날에 다시 살리는 이것이니라 내 아버지의 뜻은 아들을 보고 믿는 자마다 영생을 얻는 이것이니 마지막 날에 내가 이를 다시 살리리라 하시니라(요 6:38-40).

하나님은 자기 형상대로 지음 받은 사람들 가운데 교회를 세우신다. 이 교회는 거룩하면서도 인간적이다.[254] 교회를 효과적으로 개척하기 위해서 우리는 하나님이 일하시는 방식과 사람들이 일하는 방식들에 대하여 알 필요가 있다.[255] 그러기 위해서 사람들이 사는 사회, 서로 일정한 방식으로 관계를 맺고 살아가는 사람들의 공동체에 속해 살고 있는 모습, 질서, 사회체계, 상호작용, 사회적 양식이 서로 다른 상황에서 어떻게 행동하는지 그 문화를 통찰하고 이해해야 한다. 이 사회를 무리 사회, 부족 사회, 농촌 사회, 도시 사회라 한다. 이런 사회를 통찰하여 그들의 삶의 현장에 함께 하고 문화를 존중하면서 선교하는 것이다.

① 무리 사회는 큰 사회들의 주변에 살고 있는 소규모 사람들의 집단이다.[256] 경제적 자원은 자연에 접근하여 살면서 자연에 식량이나 모든 것을 의존하며 산다. 식량과 물건을 공유하며 가까운 친지들과 나누며 산다. 이 무리 사회는 밀접한 인간관계를 기초로 하기 때문에 선교 사역자들은 무리 사회 구성원들과 신뢰를 쌓아야 한다. 그들의 현재 모습 그대로 사랑하고 그들의 문화를 존중해야 한다. 그들과 더불어 살 필요가 있다. 성육신적 접근은 우리의 형편에 따라서가 아니라 사역 대상인 자들의 처해 있는 형편 속에서 그들을 만나야 한다.[257] 특히 유목 사회의

---

254 폴 히버트 외 1인, 『성육신적 선교 사역』(Incarnational Ministry), 안영권 외 1인 역, 서울: 기독교문서선교회, 2004, 22.
255 폴 히버트, 위의 책, 23.
256 폴 히버트, 위의 책, 55.
257 폴 히버트, 위의 책, 84.

교회는 교회를 정착시킨 후에 그들에게 농사법을 소개하는 것이다.[258]

② 부족 사회는 무리 사회가 시간이 흐름에 따라 부족 사회로 변모한 것이다. 그들은 정교한 도구를 만들었고 식량 조달을 위해 곡식을 재배하였고 가축을 키웠다. 공동체 규모가 성장하여 성공적 조직 형태로 변했다. 그리고 혈족 관계를 형성하였고 결혼을 통한 가족관계를 기본으로 그룹을 이룬다. 특히 혈연 씨족관계로 친척 집단을 이루었다. 경제 체계는 무리 사회보다 더욱 복잡하게 되고 식물을 재배하며 가축을 키운다. 그리고 복잡한 기술을 발전시킨다.[259] 그들은 수세기를 지나오면서 농부들은 땅을 경작하는 방법, 씨를 파종하는 방법, 곡식을 기르는 방법, 다양한 요리 방법을 배웠고 사냥도 배웠다. 이런 부족 사회에 교회 개척은 강력한 면식관계(Face-To-Face Relationship)를 기초로 하는 사회이므로 함께 거주하면서 언어와 문화를 배우고 섬기는 부족들과 동화되도록 해야 한다.[260] 사랑하고 겸손히 그들을 존중하고 존경심을 가지고 동등하게 대하면서 복음을 가지고 전하며 삶으로 본을 보이며 현지인을 세워 지도력을 가지고 일하도록 일군을 길러야 한다.

③ 농촌 사회는 무리를 지어 부족별로 살다가 오늘날에는 20억 이상의 농민들이 100만 개 이상의 마을을 형성하여 살고 있다.[261] 그 형태는 자영농, 소작농, 전업농, 부업농 등 아주 다양하다.[262] 농촌 사회는 시

---

258 폴 히버트, 앞의 책, 92.
259 폴 히버트, 위의 책, 111.
260 폴 히버트, 위의 책, 162.
261 폴 히버트, 위의 책, 211.
262 폴 히버트, 위의 책, 211.

장, 정부, 세계와도 연관이 있다. 또한 농촌 사회는 이질(heterogeneous) 그룹이나 다른 문화와 언어를 공유하기도 한다. 그래서 많은 농촌 사회 는 종족 형태로 부족중심주의(Tribalism)가 지속되고 있다.[263] 농촌 마을 은 기본적으로 자급 사회(Subsistence Society)이다. 그들은 자기들이 먹은 양식을 생산하고 기술을 발전시켰으며 잉여 농산물을 생산하여 도시와 국가를 형성시켰다. 농민들은 농촌에 살면서 도시의 시장, 수도, 지배 관료와 공생 관계를 맺고 있다.[264] 농경의 근본적인 특징은 가족 경제이 다. 가족은 집이요, 공장이다. 그 가족은 돈 버는 것이 아니라 먹고 사 는 자립 경제의 유지이다.[265] 이들이 시장을 형성하고 가족 부양, 물물 교환을 하다가 화폐경제로 개발되어 갔다. 이들의 문화는 변하여 신념 과 세계관에 깊은 영향을 끼쳤다. 공존을 위해 다원주의 문화로 변하여 문화적 다원주의가 등장했다.[266] 현대 농촌의 생산은 자급자족이 아니 라 화폐경제인 시장에 내다팔기 위한 작물을 재배한다. 브랜드화된 농 업 경영을 한다. 이러한 농촌 사회에 교회 개척은 농민들과 일체감을 가 지고 그들의 언어와 문화에 서려 있는 깊은 갈망을 이해할 필요가 있다. 땅을 개발하고 생산과 소비 또한 경제적 부요를 추구하는 그들에게 산 업을 주신 하나님의 뜻과 예수 그리스도를 믿어 구원 받고 그 후 하나님 의 말씀을 준행하여 풍요롭게 살고 가난한 자를 사랑하는 하나님의 백

---

263 폴 히버트, 앞의 책, 213.
264 폴 히버트, 위의 책, 224.
265 폴 히버트, 위의 책, 225.
266 폴 히버트, 위의 책, 230.

성이 되도록 한다. 이러한 농민들과 신뢰관계를 긴밀하게 맺은 공동체 일원으로 그들과 함께 살아야 한다. 특히 자녀들을 그들과 함께 놀게 하고, 함께 배우고, 함께 일하면서 삶으로 신뢰를 쌓아 복음 증거를 해야 한다.[267]

④ 도시 사회는 인간의 삶을 조각화하는 것을 아주 다른 방식으로 한다. 다량의 인구가 밀집하여 대형 도시로 발달하였다. 그들은 무리 사회, 부족 사회, 농촌 사회의 여러 문화가 복잡하고 다양하게 복합되어 있다. 도시는 그 주변에 있는 농촌 사회와 복잡한 사회, 경제, 정치 체계에 의하여 유기적으로 연결되어 있다.[268] 이러한 도시에 교회를 세우시는 하나님은 도시 모든 사람들을 그리스도 앞에 복종시킨다면 교회 부흥과 큰 성장을 이룰 수 있다. 초대교회는 예루살렘에서 시작하여 사마리아, 다메섹, 가이사랴, 안디옥으로 확장되었다. 바울은 도시의 중요성을 인식하고 그의 선교 전략의 기본을 도시를 통한 전략으로 삼았다. 종교개혁도 도시에서 발생한 운동이다. 이러한 도시 교회의 특징은 다양성이다. 교회는 이러한 다양성에 어떻게 반응할까? 획일적인 것이 아니라 다양한 유형의 교회가 존재하도록 해야 한다.[269] 도시 사회에서 사회 경제 문화를 통찰하며 다양한 방법과 전략으로 선교하면서 하나님께서 다양한 방식으로 일하고 있음을 주목해야 한다.

---

267 폴 히버트, 앞의 책, 264.
268 폴 히버트, 위의 책, 296.
269 폴 히버트, 위의 책, 366.

2) **선교 커뮤니케이션:** 선교사가 세상 사람들에게 복음을 전하는 일은 특정 문화 속에 사는 사람들에게 전달하고 선포하고 알리는 일이다. 배우고 대화하면서 전할 때 전달하는 자, 듣는 자가 있고 그들 사이에 언어와 문화가 작용한다. 이것을 아리스토텔레스는 수사학이라고 불렀으며, 상대방을 설득하는 데 유용한 방법을 찾아내는 기술이라고 정의했다.[270] 아리스토텔레스는 상관되는 세 가지 관계를 화자, 언어, 청취자로 보았다.[271] 클라우드 샤논(Claude Shannon)과 워렌 위버(Warren Weaver)는 송신자(sender), 수신자(receiver), 경로(channel), 암호(code), 암호화자(encoder), 의미화자(decoder), 소음 (noise), 반응 요소(feedback)로 구성된 커뮤니케이션 모델을 만들었다.[272]

〈표 2〉 커뮤니케이션

---

270 헤셀 그레이브, 『선교 커뮤니케이션론』(*Communicating Christ Cross-Cultur-ally*), 강승삼 역, 서울: 생명의말씀사, 2008, 33.
271 헤셀 그레이브, 위의 책, 37.
272 헤셀 그레이브, 위의 책, 38.

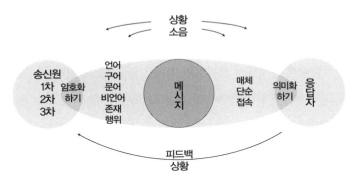

〈표 3〉 커뮤니케이션 과정

이 이론을 선교지 러시아에서 한국어를 잘하는 고려인(카레이스키) 통역
들에게 적용해 보았다. 그들에게 복음을 전해 주었고 그들이 들은 복음
을 다시 동족들에게 전하도록 하였다. 신학교에서 성경과 신학을 가르
쳐 주었고 한국으로 초청하여 3개월씩 교육하여 복음을 알고 전하도록
하였고 그들을 훈련시켜서 교회를 세우고 지도하고 목회하도록 하여 복
음이 흘러가게 하였다. 송신자들을 현지인으로 선발하고 세워서 러시
아어로 현지 문화 속에서 전하도록 하였다.

3) 문화(culture): 선교는 타문화권에 복음을 전파하는 일이다. 타문화
권 복음 전파에 인류학이 필요한 이유는 무엇인가? 이 질문은 다름 아닌
하나님이 문화를 어떻게 보시는가에 대한 것이다.[273] 하나님께서 유대인

---

273 찰스 H. 크래프트, 『기독교 문화인류학』(*Anthropolgy for Christian Witness*),
안영권 외 1인 역, 서울: 기독교문서선교회, 2010, 31.

문화 속에 들어가셔서 역사하셨다.[274] 문화는 사람의 삶에 막대한 영향을 끼치고 있기 때문이다. 문화는 우리가 태어난 이후부터 배워 온 모든 것들로 구성되어 있다. 이 배움을 통해서 자신들이 살아가고 있는 환경 속에서 생물학적 존재로서 효과적인 기능을 할 수 있게 된다.[275]

리차드 니버(H. Richard Niebuhr)는 『그리스도와 문화』라는 그의 저서에서 예수 그리스도는 인류 문화 속에 오셨고 유대인 문화 속에서 사셨고, 그 문화와 대립도 하였으며, 문화 위에 있는 그리스도로 살았고, 그 문화를 변혁자로 사셨다고 증언한다. 그 문화는 사람들이 받고 또 물려주는 사회적 유산이다.[276] 그 문화는 언어, 교육, 전통, 신화, 과학, 예술, 철학, 정치, 법률의식, 신앙, 발명, 기술을 포함한다.[277] 인간의 생각과 개발하는 행동, 활동을 문화라고 말하며 인간의 성취라고 했다.[278]

선교는 타문화권에 복음을 전할 때 현지 문화와 충돌하기도 한다. 또는 거부 반응도 일어나 많은 어려움에 직면하게 된다. 그렇기 때문에 선교사는 현지 문화를 잘 알고 존중하며 적응하도록 하고, 잘못된 문화는 예수 그리스도의 복음으로 가르치고 전하고 길들여서 올바르고 행복한 삶의 문화로 변화시켜야 한다. 그러므로 사람들이 생각하고 느끼고 행동하는 방식을 문화화하면 복음은 어디에 적합한가를 생각하고 전하여

---

274 찰스 H. 크래프트, 앞의 책, 32.
275 찰스 H. 크래프트, 위의 책, 40.
276 리차드 니버, 앞의 책, 41.
277 리차드 니버, 위의 책, 41.
278 폴 히버트, 『선교와 문화인류학』(Anthropolgical Insights for Missionaries), 김동화 외 3인 역, 서울: 조이선교회출판부, 2010, 74.

야 한다. 복음은 기쁜 소식으로서 특별한 문화 안에 주어진 하나님의 메시지였다. 이 복음은 하나님의 행위이며 결정적으로 그의 성육신을 통한 역사 속에 드러난 하나님 자신의 계시이다.[279] 이것은 인간 문화 속에 나타나 있다. 이 복음을 타문화권에 전하는 것이 선교 사역이다. 예수님처럼 좋은 문화로 변화를 주도록 해야 한다. 러시아 선교지는 문화를 통찰하는 중요한 지혜를 깨우쳐 주고 있다.

   4) 상황화(Appropriate): 상황화 신학은 메시지와 성령, 기독교 전통, 신학이 형성되는 문화 그리고 그 문화에서 일어나는 변화를 고려하는 행동신학(Doing Theology)의 한 방법으로 정의될 수 있다.[280] 중요한 요점은 인간 문화와 문화들을 복음화하는 것이다. 이 복음화는 사람들을 조명하고 변혁을 목적으로 하는 것이다. 그러므로 상황화는 오늘의 세계에서 행동신학을 위한 핵심이다.[281] 이 상황화는 적합한(appropriate) 단어로서 '문화적인 상황에 적합한'이라는 단어이다. 이것은 '성경에 적합한' 것이며, 적합한 기독교로서 사회적 상황과 '말씀'에 동시적으로 적합한 기독교로서 두 방향의 적절성(appropriateness)이라야 한다.[282]

   적합한 관계는 영적인 능력과 사람들에게 적합한 것이다. 또 이 상

---

279 스테판 베반스, 『상황화 신학』(*Models of Contextual Theology*), 최형근 역, 서울: 조이선교회출판부, 2002, 31.

280 스테판 베반스, 위의 책, 50.

281 찰스 크래프트, 『말씀과 문화에 적합한 기독교』(*Appropriate Christianity*), 김요한 외 1인 역, 서울: 생명의말씀사, 2007, 25.

282 찰스 H. 크래프트, 위의 책, 83.

황화는 토착화(Indigenization)이어야 하고, 선교의 목표는 토착적인 (Indigenous) 교회를 세우고 회심자를 기독교 신앙으로 제자화시키는 것이어야 한다. 이 토착 문화로 자치(Self-governing), 자급(Self-financing), 자전(Self-propagating)이 되는 것이며 자립하는 교회를 만드는 것이 된다.[283]

상황화의 목표는 문화적인 적절성과 성경적인 순수함 사이의 비판적인 균형을 유지하는 적합한 기독교이다.[284] 고든(J. D. Gordon)은 성육신을 상황화의 모델로 보면서 다음과 같이 말했다.

> 예수는 인간이 이해할 수 있는 언어로 설명되어진 하나님이시다. 본인은 여기에 다음과 같이 말을 더하기 원한다. '예수는 인간이 이해할 수 있는 모든 문화와 언어와 상황 가운데에 설명되어진 하나님이시다.'[285]

상황적으로 선교학의 다섯 가지 관점은 다음과 같다.

첫째, 의사소통으로서의 적합한 상황화: 크래프트가 사용한 수용자 중심의 의사소통. 예수님의 의사소통을 배워야 한다.[286] **둘째, 토착화로서의 상황화:** 교회의 형식과 이를 둘러싼 환경에 적응하는 방식과 관련이 있다. 롤렌드 알렌(Roland Allen: 1868-1947)의 성경 공부, 지도력 형성,

---

283 찰스 H. 크래프트, 앞의 책, 84.
284 찰스 H. 크래프트, 위의 책, 118.
285 찰스 H. 크래프트, 위의 책, 120.
286 찰스 H. 크래프트, 위의 책, 299.

성령의 지속적 역사와 은사를 사용하는 신자들의 사역이다.[287] **셋째, 번역성으로서의 적합한 상황화:** 어떠한 인류 문화권에서도 무제한적으로 번역이 가능한 복음의 성육신적 본질을 강조한다. 하나님은 모든 언어로 말씀하시고 모든 언어를 이해하신다.[288] **넷째, 현지 신학화로서 적합한 상황화:** 이 역동적인 과정은 현지 상황(local context)에서 일어나는 인간 경험의 모든 국면에서 끌어온 것이며 상황의 실제(reality of the context)와 복음에 대한 교회의 이해 사이의 대화를 촉진시킨다. 앤드류 커크(Andrew Kirk)는 "상황화는 문화와 사회 경제 삶의 반복적인 영향을 인식한다." 이 상황화라는 용어는 토착화 혹은 내문화화에 담겨진 모든 의미를 포함한다.[289] **다섯째, 인식론으로서 적합한 상황화:** 해석학적 검증의 인식론적 과정 그리고 구체적 상황 가운데 복음에 대한 이해를 돕기 위해 상황 비평과 의미들에 관련된 것이다.[290]

12년 전 길릴랜드(Gilliland)는 상황적으로 적합한 신학을 수립하는 과업에 있어서 탁월한 고찰에서 나온 4가지 질문을 제안한다.[291]

    ⓐ 구체적인 상황적 문화의 일반적인 배경이 무엇이냐?

    ⓑ 현존하는 문제들이 무엇이냐?

    ⓒ 어떤 신학적인 질문들이 생겨나는가?

---

287 찰스 H. 크래프트, 앞의 책, 303.
288 찰스 H. 크래프트, 위의 책, 308.
289 찰스 H. 크래프트, 위의 책, 308.
290 찰스 H. 크래프트, 위의 책, 318-319.
291 찰스 H. 크래프트, 위의 책, 320.

ⓓ 신학(그리고 선교학)이 취해야 할 적합한 방향이 무엇인가?[292]

선교사의 주요 사역대상은 하류층 빈민들이다. 그러므로 자연스럽게 경제적인 지원을 동반하게 된다. 가난과 무지, 질병 속에 있는 그들에게 복음을 전하는 귀중한 사역이라는 평가도 있지만, 동시에 돈으로 선교한다는 비판도 받고 있는 상황이다.

메이슨(G.L.Mason)은 돈 선교가 초래하는 해악도 적지 않음을 지적한 바 있다. 그렇기 때문에 선교지에서 자립(Self-Support)은 매우 중요한 주제이다.[293] 선교지의 주민들의 빈곤 문제는 심각한 문제이다. 선교사가 이러한 현지 문화에 적응하면서 선교하는 것을 힘들게 만든다. 그러므로 선교에서 재정적 자립은 매우 중요하며, 또한 이러한 선교지 문제를 해결하고 선교를 자립형으로 하면서 주님 오실 때까지 지속해야 하는 것은 중요하다. 그러므로 선교사에게 꼭 필요한 것은 자립의 길을 찾아서 시행하는 일이다. 선교사는 선교비만 의존하지 말고 현지에서 자립의 길을 찾아서 현지인들과 함께 자립형 토착 교회를 세우는 선교가 중요함을 알고 시행해야 한다.

자립의 길은 식량과 경제를 하나님이 명하신 땅에서 솟아오르게 하는 일이다(창 1:11-12). 하나님은 이러한 것들이 종류대로 땅에서 솟아 나오라 명하시고 그렇게 되도록 햇빛과 비를 주신다. 그리고 사람은 경작하는 활동으로 할 수 있게 하셨다. 이러한 일을 산업 활동이라고 신명기

1장 38-39절에 성민들에게 산업을 주셨다. 이 산업 활동이 농사이다. 1차 산업으로 농사, 목축업, 임업, 어업이며 이 농산물을 가공(제조)하여 상품화하고 이것을 판매하여 화폐경제로 만드는 것이 2차 산업이다. 또 3차 산업으로 중공업, 기간산업으로 발전한다.[294]

이러한 산업을 주신 하나님의 뜻은 신명기 15장 4-5절에 나타난 대로 그 말씀을 듣고 그 명령을 지켜 행하면 그 땅에서 반드시 복을 받아 가난한 자가 없으리라는 것이다. 이 말씀과 뜻을 따라 행하는 선교지가 되어야 한다. 그 길은 곧 1차 산업으로 땅을 잘 경작하여 농산물이 솟아오르도록 사람이 경작의 기술을 개발하고 더 좋은 농산물을 더 많이 생산되도록 하여야 한다. 나아가 생산된 농산물을 가공하여 상품화되게 하고 판매하는 일이다. 이것을 농업혁명인 농경사회라고 앨빈 토플러가 말했다. 그는 제3의 파도에서 이러한 농업혁명인 농경사회가 제1의 파도로서 1675년까지라고 했다.

이때는 사람이 경작하여 자급자족하였고 농사는 1년에 한 번 수입으로 살았다. 제2의 파도는 영국에서 일어난 산업혁명으로 산업 사회가 되는 변화를 만났고, 가정에서 생산으로 사용되던 노동력이 공장으로 이동하였고, 수입은 12개월 월급으로 1년에 1회의 경제 수입에서 12회로 빨라졌다. 제3의 파도는 정보화 시대라고 한다. 이 시대는 시장이 발달하여 부를 창출하며 경제가 매일 순환되는 시대임으로 매일 수입으로 살아가게 되었고 이것이 국제 자유 시장체제가 되자 기업체에서는 시간

---

294 티반, MI.661-1, "선교와 2/3세계 경제개발(Mission and 2/3 World Economic Development)", 2012.1.23.-2.2, 강의에서.

을 다투며 변화하는 경제가 되었다. 이 시대에 빌 게이츠는 그의 책『생각의 속도』에서 "빠른 속도로 시장에 진입하라. 그렇지 않으면 몰락한다. 시장성에는 고품질 경쟁과 가치경쟁으로 저가로 진입하며 속도 경제에 신속하게 생산, 납품, 판매해야 한다."고 주장한다.

자립 농장 개척의 이론은 이렇게 땅에서 솟아오르도록 하되 고품질 경쟁으로 한국 최고 품질의 씨앗(종자)을 제공하고 저가로 경쟁한다. 속도 경쟁으로는 촉성재배로 다른 사람들보다 일찍 출하로 오히려 가격 경쟁에서 앞서게 한다. 그리고 생산된 농산물은 신선도를 유지하여 판매하게 하여 선호도를 높인다. 그리고 매일 판매하도록 생산품을 다양화하였다.

배추, 무를 봄, 여름, 가을 항상 있게 하였고, 토마토, 오이는 매일 따서 판매하게 하였다. 고품질 농산물로 파프리카, 고추, 피망, 옥수수, 김치를 항상 판매할 수 있게 생산하도록 하였다. 매일 경제 순환 속도에 맞도록 하였다. 1년에 1회 수입을 가지고는 화폐경제 시대를 따라갈 수 없다. 앞서가는 농업 경영이라면 매월 수입보다는 매일에 초점을 맞추어서 생산 판매로 화폐경제와 경제 순환 속도에 맞게 해야 한다. GDP가 올라갈수록 소비성도 배나 빠르게 되기 때문에 생산과 판매가 빨라야 그 소비를 따라갈 수 있기 때문이다.

본서는 이러한 선교학 이론에 근거하여 선교지 카프카즈의 상황 속에서 성육신적 선교 사역으로 "교회 개척과 자립 농장 개척, 설문조사"로 다음 장에서 연구 적용하려 한다. 실험과 탐구로 자립선교의 길을 찾으려 한다.

제4장

자립선교의 실제

1. 엘호또보(Elchotovo)교회 개척

필자는 본 교회 부임 후 교회 어려움으로 상처 입은 교인들의 치유를 우선하는 목회를 하였다. 그로 인하여 교회가 안정되었다. 그 후 선교할 비전을 가지고 선교지를 선정하기 전에 "일천 원 선교 회원 모집"을 공고하여 일천 원 선교헌금으로 작게 시작하였다. 이후 2만 4천 달러의 헌금이 선교비로 모아졌다. 이렇게 모여진 선교헌금으로 교회를 세우고 건축까지 할 수 있는 곳을 찾았다. 선교지를 선정할 때 선교학자 게린 밴 뤼넨(Gailyn Van Rheene)의 선교 이론을 참고하였다.

필자와 교회는 선교지를 선정할 때 미전도 종족 지역과 복음의 수용성이 높은 지역이었으면 좋겠다는 생각을 가지고 물색하였다. 또 두 가지 부차적인 고려 사항은 개인적인 선호도와 도시 확장이다.[295] 이러

---

295 게린 밴 뤼넨, 앞의 책, 385.

한 세부 사항은 그의 책『선교학개론』"제11장 선교 봉사 지역을 선정하다"에서 선교지 선정 기준을 비평하라는 부분에서 다루고 있다. 여기서 그는 선교지 선정이 선교의 원칙하에서 선정되어야 함을 주장하고 있다.[296] 이 원칙을 생각하면서 선교지를 찾는 가운데 필자 소속 노회에 회원 교회 중심으로 조직된 동서선교회에서 논의 과정을 거쳐 러시아 카프카즈 지역을 선정하였다. 그곳은 체첸 전쟁을 최근에 겪은 아픔이 있는 지역이다. 구소련 공산주의가 고르바초프의 개방정책으로 붕괴되고 자유화의 물결과 함께 선교의 문도 열리고 있었다. 공산주의 붕괴로 무상급식이 중단되어 상당수의 사람들은 절대 빈곤 상태였다. 이 지역에 고려인이 4만 명이나 살고 있다는 정보는 한국에서 선교를 지원하는 교회의 입장에서는 주목되는 부분이었다.

이곳에 고려인으로 경찰 출신인 최콘스탄틴 성도가 모스크바에서 이소영 자원선교사를 만나 그에게 요청하기를 카프카즈(Cafecasus) 지역에 와서 전도해 주시기를 요청하였고, 이소영 선교사를 모시고 들어갔다. 위에서 말한 복음의 수용성이라는 조건이 충족된 곳이었다. 동서선교회는 날칙(Nalchik)공항에서 자동차로 두 시간 거리인 모즈독(Mozdok) 시를 선교지 본부로 정하고 그곳에 임마누엘교회를 세웠다. 한국 교회 후원으로 800석 규모의 예배당을 건축하였다. 지하층에 강의실을 만들었고 신학교를 세워 신학생 전도사들을 길렀고, 100여 개의 주변 교회들을 세웠다. 동서선교회가 이곳을 후원하는 가운데 선교회 소속의 여러

---

296 게린 밴 뤼넨, 앞의 책, 383-423.

교회들이 앞 다투어 건축비를 지원하고 예배당을 건축하며 교회를 세우기 시작하였다. 수용성과 개인 선호도가 좋은 지역이었다.

이곳에 살고 있는 고려인들은 스탈린에 의해 강제 이주 당한 사람들이어서 한국에서 선교 후원한다는 소식을 듣고 좋아하는 호감도가 높았다. 그들이 강제 이주 당할 때 엄청난 고통이 있었지만 그들은 넓은 농토와 코카서스산에서 눈이 녹아 흐르는 물을 이용하여 농토를 개발하였고 농사를 지어 2차 강제 이주 당한 체첸 족을 먹여 살렸다. 러시아인들은 농업 지식이 없어서 가난하였고, 오세티아(Osetia) 주 사람들은 목축업자들이어서 넓은 초지에 소를 키워 우유와 치즈를 만들고 빵과 함께 주식으로 삼는 사람들이었다.

고려인들은 러시아 주민들에게 농산물로 도움을 주었기 때문에 러시아인들이 고려인들을 대하는 태도가 매우 호의적이었다. 이러한 지역에 엘호또보(Elchotovo)란 작은 도시에 1,500m²(500평)의 낡은 주택 한 채를 일만 불에 구입하였다. 이 낡은 주택에서 교회 개척을 시작하였다. 이 도시는 술 공장 지대여서 교회가 안 된다는 부정적인 분위기였다. 보내 준 일만 불 중 4천 달러로 주택과 땅을 구입하였고, 6천 달러로 신학교 교실 한 칸과 주방을 건축하였다. 필자는 2000년 11월에 방문하여 구 주택에서 설립 예배를 드리고 그 다음 해부터 건축을 시작하여 교육 공간과 예배 공간을 마련하였다. 그들은 너무 가난해서 자력으로 예배당을 지을 수 없었다.

지금까지는 정부의 식량배급으로 근근이 살아왔으나 이제는 배급마저 중단되었다. 이러한 상황을 이해하기 위해 구 소련의 역사적 배경을 살펴보면 도움이 될 것이다. 1917년 러시아 페트로그라드에서 레닌에 의해 볼세비키 혁명이 일어났다.[297] 그 후 소비에트 연방 정부가 들어서면서 하나님을 부인하고 무신론을 부르짖으며 공산주의를 이상으로 하는 강제 노동을 실행하였다. 무료 보육, 무상 의료, 무상 배급으로 정치 경제적 사회주의를 시행하였다. 그러나 이러한 소련의 정책은 생산 차질로 결국 실패하여 재정 파탄에 이르렀다. 그 후 미하일 고르바초프에 의해 개혁개방 정책이 추진되자[298] 러시아 정부는 그동안 국민들에게 실시해 왔던 무료 보육, 무상 의료, 무상 배급을 중단할 수밖에 없었다. 74년 동안 하던 무상 배급이 중단되자 국민들 대다수는 절대 빈곤에 빠졌다. 지도자의 정책 실패로 인해 국민들의 자립 의지가 훼손되었고 삶의 능력이 상실되었다는 것이 현지 이알라 목사의 증언이다.[299] 카프카즈 지역은 농촌 지역이어서 아무런 산업이 없었다. 이러한 빈곤 상황에서 선교가 시작되었다.

먼저 이들에게 예배 공간, 교육 공간, 봉사의 공간을 마련해 주는 것이 시급했다. 빈곤과 생태계 위기 시대인 오늘의 선교는 생명을 살리는 선교라고 생각했다.[300] 그 후 일만 달러를 보내서 예배당을 건축하였다. 또 8천 달러를 더 보내서 양로원(뿌리옷 복지관)을 건축하였다. 이 무렵 정

---

297 http://kin.naver.com/qna/detail.nhn?dlid=11&or.

298 http://kin.naver.com/dic-view.php?key=10&kword=&n-id=40382&page.

299 이알라 목사 2012.12.17 인터뷰. 이 목사는 러시아 선교지 목사로서 선교 팀의 통역담당으로 활동했다.

300 서성민 편, 「명성 선교 사랑방」, 2008. 7월-2009년 11월, 서울: 명성교회 선교연구원, 2010, 21

부에서는 도시에 있는 술 공장에 고가의 세금을 부과했다. 이것 때문에 술 공장이 다 폐쇄되고, 도시는 깨끗하고 조용해졌다. 이러한 상황 중에 기도로 세운 교회와 양로원에서는 작은 기적이 일어나게 되었다. 마약 중독으로 어려움을 겪던 의사가 들어오게 되었는데, 그는 나름 마약 중독을 치료하기 위해 노력하였으나 정신을 잃어버리는 등 아무 소용이 없었다. 그가 이곳에 양로원이 설립됐다는 말을 듣고 양로원에 입소하여 성경 말씀과 기도로 경건한 생활에 전념하였다. 그는 양로원에서 정신이 회복되고 완치되었다. 또 고향이 후말락(Chumalak)이고 영문학 교수인 마린나(Marina)가 양로원으로 들어왔다. 그녀는 유방암으로 고통을 참을 수 없어 비명을 지르며 지내야 했다. 그런데 그가 양로원에 입소하자 암의 고통이 사라지고 말씀과 기도, 찬양으로 기뻐하는 사람이 되었다.

엘호또보 도시에 어떤 가정은 식구가 폐결핵으로 죽어 가는 가난한 집이 있었다. 그 집 아이들이 양로원 건축 시 각 방에 도배를 하는 공사한다는 말을 듣고 와서 도배하는 일을 도와주었다. 그날 밤으로 온 식구의 폐결핵은 완치되었다. 이들이 기뻐서 찬송하는 것을 본 한 할머니가 "엘호또보에 하나님이 오셨다. 다 나가서 하나님 만나자." 하면서 전도하여 70명이 세례를 받았다. 엘호또보교회에는 신학교 강의실과 주방이 있고, 한켠에 먹고, 잠자고, 쉬고 할 수 있는 작은 공간이 있다. 이곳에서 자기들끼리 스스로 모여서 성경 공부를 하고, 수련회와 부흥회를 열었으며, 강사를 초청하여 성경 세미나를 하면서 신학 교육이 진행되었다. 여기에 하나님의 성령의 감동을 받는 일들이 일어났고, 그들은 자신들의 지역으로 돌아가서 전도하여 11개 교회를 개척하였다.[301] 이 들 교회 교역자들은 엘호또보신학교에서 4년 동안 훈련을 받고 전도사 로 시무하였다. 이 교회가 세워지고 나서 한국에서 선교사를 파송해야 할지에 대해 논의가 있었다. 결론은 선교사를 파송하지 않고 현지인을 통해 선교 사역을 하는 것이 좋겠다고 결정하였다. 그래서 러시아인 오 잘리나(Ozalina) 여 전도사를 추천받았고, 그녀가 모즈독 신학교에서 훈 련받은 것을 확인하고 사역할 수 있게 하였다. 다음으로 이알라(Lee Alla) 여 목사, 최엘리제(Choi Elize) 목사가 함께하여 현재까지 시무하게 되었 다.

신생 교회가 11개로 불어났고 교회당을 다 건축해 줄 수 있는 재정 적 힘이 안 되어서 11개 교회 중, 첫 번째 생긴 교회와 두 번째 세운 교 회만 건축하여 주었다. 첫 번째 교회 건축은 본인이 목회하는 교회 P 장 로가 기쁨으로 동참하여 선교헌금으로 건축하였고, 그 교회가 꼼소몰 스꼬에 교회이다. 본 교회에 선교 상황을 상세하게 보고하여 모든 교인 의 참여의 결과를 나누었다. 그러자 선교헌금이 2만 달러가 모아져 두 번째 생긴 즈메이스까야교회 예배당과 사택까지 넣어 건축이 완료되고 헌당식까지 마쳤다. 이 일이 있은 후, 2008년 8월 8일 조지아(Georgia)와 러시아의 전쟁이 일어났다. 원인은 미하일 사아까스빌리가 조지아 대

---

301 신생 11개 교회의 이름은 다음과 같다. 1. 꼼소몰스꼬에(Komsomolskoe) 교회 2. 즈메이스까야(Zmeyskaya)교회 3. 따르꼬호(Dar Koch)교회 4. 부르트(Brat)교회 5. 질기(Zilgi)교회 6. 후말락(Chumalak)교회 7. 짤륵 (Tsalyk)교회 8. 이르까우(Irkau)교회 9. 마하일로브스꼬에(Michailovkoe) 교회 10. 자브츠꼬에(Zavodskoe)교회 11. 까르진(Kargin)교회

통령으로서 국내에 사는 러시아 족속인 오세티아족을 학살하고 추방하
려 했기 때문이다. 이 정보를 러시아에서 알고 자민족을 보호하기 위하
여 진군 명령을 내려, 전쟁이 발발했고 이에 따라 남 오세티아에서 수많
은 난민들이 엘호또보까지 밀려오게 되었다. 이 난민들을 엘호또보 시
청에서는 수용할 장소와 재력이 없었다. 이때 엘호또보교회 최엘리제
목사가 그 난민들을 양로원과 교회에 재우면서 먹이고, 입히고, 씻기고
돌보아 주었다. 긍휼 사역을 행한 것이다. 그 결과 이 교회와 양로원은
그 지역에서 순식간에 유명하게 되었고 좋은 소문이 나서 교회는 놀라
운 부흥을 맞이하였다. 연이어 13개의 개척 교회가 세워짐으로 현재 모
두 24개 교회가 되었다.[302]

이곳에 복음의 씨를 하나 심었더니 24개의 열매로 불어나서 놀라
운 교회 확장이 이루어진 것이다. 엘호또보교회는 불라지 카프카즈
(Vladikavkaz) 지역의 모 교회처럼 모임도 하고, 축제도 하고, 세미나, 수
련회, 부흥사경회, 교육하는 곳이 되었다.

---

[302] 추가로 신생 교회 13개 처로 확장된 이름은 다음과 같다. 1. 아르돈
(Ardon)교회 2. 알라기르(Alargir)교회 3. 지고라(Digora)교회 4. 베슬란
(Beslan)교회 5. 두르두르(Dur-Dur)교회 6. 크리스노고르(Krasnogor)교
회 7. 미추리노(Michurino)교회 8. 오트꼬르모치니(Otkormochny)교회
9. 바타꼬(Batako)교회 10. 불라지카프까즈(Vladikavkaz)교회 11. 신지까
우(Sindikau)교회 12. 미주르(Mizur)교회 13. 스따르(구)우르흐(Stary[old]
uruch)교회

2. 꼼소몰스꼬에(Komsomolskoe) 자립 농장 개발 성공 사례

2006년 6월 30일 엘호또보교회의 영향으로 첫 번째 생긴 교회를 방문했다. 엘호또보에서 9km 떨어진 산골 작은 마을 꼼소몰스꼬에였다. 당시 최엘리제 전도사가 임시 거처하는 낡은 주택에서 모였고 그 집에 속한 대지가 1ha(3,000평) 정도가 있었다. 텃밭이 조금에 나머지는 풀밭이었고, 과일 나무가 몇 그루 있었다(사진 참조). 이 땅과 낡은 집을 구입하기로 하였다. 8천 달러를 송금하였는데 7천 달러에 구입하고 천 달러로 예배실을 마련하고 예배를 드렸다.

이곳에 자립 농장을 세워 엘호또보양로원과 함께 자립할 계획을 세웠다. 먼저 젖소 6마리를 구입하여 주었다. 이 젖소들이 새끼를 낳아 12마리로 확장되었다. 우유를 착유하여 치즈를 만들어 판매하였다. 첫 해 수입 73,800 루블($2,460)을 벌어서 양로원이 자립하게 되었다.

2007년에 그 땅을 개간하기 시작하였고, 최엘리제 전도사가 나무로 작은 비닐하우스를 지었고, 오이와 호박을 재배하여 자립을 시도하고 있었다. 필자가 이것을 보고 관찰하였다. 농사 지은 경험이 있는가를 물었다. 그는 중앙아시아에서 살다가 이주해 온 고려인이었고, 농사를 지은 경험이 있었다. 러시아로 이주해 온 후 공산당 치하에서 토지 관리자로 일한 경험도 있었다. 땅을 개간할 때 축분(畜糞)이 많이 나오므로 퇴비를 만들어 넣도록 하였다. 러시아에는 포트 판이 없어서 비닐봉지를 절단하여 상토를 넣고, 포트 재배법을 보여 주고, 육묘하는 방법을 가르쳐 주었다. 이때 한국에서 제일 좋은 불암 3호 배추와 백자무를 구입해서 시험 재배하도록 했다. 배추가 잘 결구되었고, 무도 최고 품질로 재배에 성공하였다. 옥수수도 포트로 육묘하여 옮겨심기에 성공했다.

필자가 관찰하여 얻은 정보는 러시아에는 겨울이 길기 때문에 채소 값이 고가라는 것을 알았다. 그렇기 때문에 채소 재배를 시험한 것이다. 그 결과 오이 재배로 10만 루블($ 3,333), 옥수수 6만 5천 루블($ 2,166), 무, 배추가 2만 6천 루블($ 866), 소에게서 치즈를 만들어 판매하여 73,800루블($ 2,460)로 총 264,800루블($ 8,826)의 수입을 올리게 되었다. 이 농사는 풀밭을 개간한 새 땅에 지은 것이므로 병충해가 없어서 농약을 준 일이 없었고, 화학 비료가 없어서 비료도 주지 않고 유기질만 주고 농사한 자연적으로 유기농 농사였다.

2008년에는 첫 번째 생긴 꼼소몰스꼬에교회 예배당 건축과 동시에 두 번째 생긴 즈메이스까야교회 예배당을 건축하는 공사를 하게 되었다. 이 두 교회를 건축하고 헌당하게 되었다. 이 공사 때문에 농사를 많이 할 수 없어서 옥수수 촉성재배 2만 7천 루블($ 900), 무 8만 루블($ 266), 배추 1만 루블($ 333)을, 소에서 치즈 생산으로 5만 4천 루블($ 1,800)로 총 9만 9천 루블($ 3,300)을 수입하여 자립에 겨우 맞추었다. 또한 그해 최엘리제 전도사는 9-11월까지 한국의 영등포노회에서 운영하는 영등포 신학원에 와서 신학 훈련을 받으며 농사 기술 일부를 배우게 되었다. 이때 공부를 마치고 러시아로 돌아가는 최엘리제 전도사에게 봄배추 "친정봄배추" 종자를 주어서 시험 재배를 하도록 가르쳐 주었다. 이 봄 배추 재배도 성공적이었다. 2009년에는 나무로 지었던 비닐하우스가 부패하여 무너지게 되었다. 이 배추를 포트로 육묘하여 4,000포기를 재배하여 성공적이었고, 배추 포기당 3kg 나가는 최고 품질로 결구하였다. 포기당 35루블(약 1달러)을 받게 되었다. 그중 3,000포기만 상품화하고 1천 포기는 여러 교회에 나누어 주었다.

배추 3,000포기×35루블=105,000루블($ 3500)의 수입을 올리고 소가 54,000루블($ 1,800)의 수입을 올렸다. 이것은 봄 농사로 얻은 결실이다. 이때 최엘리제 전도사는 놀라운 말을 했다. "목사님 더 이상 돈을 보내지 마세요. 이제 이렇게 농사하여 살 수 있습니다. 돈을 보내지 마세요. 이순양 선교사(이소영 선교사 부인)에게도 말했소."[303] 필자는 이 말을 듣고 과연 선교사나 피 선교지 교역자들이 할 수 있는 말인지 생각하게 되었다. 너무 기뻐서 이렇게 말했다. "이제는 기술과 종자로만 도와주겠습니다." 그 후로는 후원금을 보내지 않고 종자만 보내 준다. 왜냐하면 러시아에는 종자를 개발하는 종묘사가 없어서 좋은 종자를 구할 수가 없기 때문이다. 농사는 최고 품질의 농산물로 시장 경쟁에서 이기게 해야 한다. 농사 경영의 성공 여부는 종자 선택에 달려 있다. 종자 선택과 농사 경작 계획이 잘못되면 그해 농사는 실패로 돌아간다.

2009년 6월, 선교지 방문 시에 가을 농사용 김장 채소 종자인 무 5만 개, 배추 2만 포기를 심도록 종자를 가지고 갔다. 같은 해 보내 준 씨앗을 통해 무 4만 5000톤을 생산했고, 배추 8000포기를 판매하였는데 판

---

[303] 이소영 선교사와 부인 이순양 선교사는 미국에서 정년 은퇴하고 자원선교사로 이곳에 안내받고 와서 사역한 선교사다. 그가 미국과 한국에서 모금하여 선교비로 이 카프카즈 지역에 여러 교회를 세우고 현지 교역자 생활비로 매월 100달러씩 지급하고 있었다. 이 생활비를 더 이상 보내지 말라 한 것이다.

로가 좋지 않아 무 12,000루블($ 400), 배추 35,000루블($ 1166)의 수입을
얻었다. 이로서 봄, 가을 합산 총계 206,000루블($ 6,866)을 수입으로 얻
게 되었다. 그 해 6월 방문 시 3일 동안 카프카즈 지역 교역자들과 신학
생과 선교사, 장로들을 마이스키(Maysky)교회에 다 모아 놓고 자립에 대
한 방안과 기술을 내용으로 한 세미나를 열었고, 필자가 강의했다.

이 강의가 끝나자 최엘리제 전도사가 "김치 공장을 해야겠어요."라고
제안했다. 필자가 그 이유를 물었다. 그때 세계적으로 유행한 신종플루
가 돼지에게서 나왔다 하여 돼지 플루라는 말 때문에 러시아 오세티아
주에 있는 모든 돼지를 살 처분했다. 그리고나서 러시아인들의 입에서
나온 말이 "왜 고려인들(카레이스키)은 마스크를 안 해도 병에 안 걸리고 플
루에 걸려 죽지 않느냐? 그들은 김치를 먹기 때문이다." 그러면서 고려
인들에게 김치를 어디서 구할 수 있는지를 묻는 러시아인들이 많아졌다
는 것이다. 이 말을 들은 필자는 봄 배추 김치를 담아서 팔면 얼마나 더
받겠는지를 물었다. 답은 놀라웠다. 배추로 파는 것보다 세 배를 더 받
을 수 있겠다고 대답이었다. 이때 그의 부인 리다(Lyta)가 된장과 고추장
은 어떻게 만드는지를 물었다. 필자는 왜 그러느냐 물었다. 리다의 답
은 요즘 러시아인들이 빵에다가 잼을 발라 먹는데 이제는 된장이나 고
추장을 발라 먹는다는 것이다. 만일 된장과 고추장을 만드는 법을 알려
주면 러시아인에게 팔 수 있겠다는 말이었다.

이 말을 들은 필자는 1차 산업만 가르쳤지 2차 산업(제조업)을 가르치
지 않았음을 알게 되었다. 2차 산업을 가르치기 위해서 최엘리제 전도
사 내외를 한국으로 초청했다. 김치를 담글 가을 채소를 준비해 놓고 10

월에 한국에 와서 1달 동안 김치, 된장, 고추장 담그는 법을 배울 기회를 위하여 비행기 표를 보냈다. 이들이 10월 8일에 한국에 와서 본 교회 게스트룸에 머물러 있으면서 김치, 된장, 고추장, 젓갈, 태양초 고춧가루 만들기 등을 다 배우고 실습하였다. 단순 배추, 무 농사에서 이젠 김치로 만들어 판매하는 산업화를 위하여 대량 제조, 판매하는 것도 학습하였다. 농협 청산 김치공장도 방문하여 견학하고 좋은 기술도 습득하고 돌아갔다. 이때에 후원자 P 장로가 일만 불을 주어 김치공장과 철근 비닐하우스를 시설하도록 도와주었다. 그들은 러시아로 돌아가서 철근으로 든든한 비닐하우스 4동을 짓고 육묘장을 만들었고, 겨울에도 농사할 수 있는 온풍기 장치를 시설하였다.

또 한국에서 보내 준 포트판으로 촉성재배와 다량 재배를 시도했다. 관수 시설은 이스라엘에서 많이 사용하는 점적호스 공법으로 시설을 개조했다. 농협 청산 김치 공장 견학 시 기술부장이 인터뷰하면서 중요한 기술을 가르쳐 주었다. 김치의 맛을 내는 방법과 함께 김치를 수출할 때 검역을 거쳐야 하는데 그것이 무균상태로 검사가 나와야 한다는 것이다. 연구 결과, 김치를 담아서 발효가 되면 김치에 있는 유산균에 의해 모든 세균이 전멸한다는 것을 발견했다는 것이다. 김치는 미국 FDA(미국식품의약국, Food and Drug Administration)에서 무균 판정을 받은 식품이요 세계 5대 건강식품으로 판정받은 건강지킴이 식품이다.[304]

---

304 농협 청산 김치공장은 경기도 연천군 청산리에 있는 공장으로서 한국 최고의 기술로 김치 생산과 판매, 수출하는 산업체이다. 이곳의 기술부장이 러시아인들에게 공장을 견학시키며 인터뷰를 하며 가르쳐 준 내용이다. 기술부장은 세계 여러 나라가 김치가 좋다는 것을 알고 한국 무, 배추 종

2010년에는 4월까지 추운 겨울 날씨가 계속되었다. 비닐하우스에서 3월 9일부터 온풍기를 가동하여 육묘를 시작으로 농사 경작을 시작하였다. 포트에 오이, 토마토, 배추, 옥수수 묘를 키웠다. 카프카즈 지역 다른 곳도 같은 기후이기 때문에 농사하기에 어려운 실정이었다. 이렇게 어려운 상황에서 농사가 늦어졌지만 그 영향으로 오이 값이 좋은 편이었다. 오이 1kg당 35루블($ 1)이었고, 매일 100-150kg 오이가 생산되어 5월부터 판매할 수 있었다. 이 오이는 러시아인들의 식사에 빵과 함께 먹는 필수품이다. 마치 한국인들이 밥과 함께 먹는 김치와 같다고 할 수 있다. 오이 역시 아주 고품질로 잘 판매되었다.

이때 호박도 재배하였다. 호박은 값이 저가여서 고지로 건조하여 500kg을 판매하였고, 10만 루블($ 3,333)의 수입을 올렸다. 된장을 담아서 판매하기 시작했고, 콩 재배도 6,800kg의 생산되었다. 콩은 된장, 고추장 원료로 잘 생산되었다. 가을 농사에 무, 배추가 생산되고 김치도 만들어 판매를 했다. 총 생산 수입은 678,000루블($ 22,600)이었고, 김치, 된장은 겨울에도 계속 판매하게 되었다. 2010년도의 생산 판매의 수입을 가지고 재투자하여 비닐하우스를 확장하였다. 대형 비닐하우스 3동을 더 확보하여 총 7동의 비닐하우스를 확보하게 되었다. 이 중, 한 동을 육묘장으로 만들어 포트 육묘장 전용으로 사용하게 되었고, 1ha의 땅에 비닐하우스 촉성재배 농경지를 가지게 되었다.

겨울에도 전기, 가스, 온풍장치로 온도를 조절하여 12개월 연중무휴

자를 가지고 가서 재배를 시도했으나 성공한 나라가 없는데 러시아에서 성공하고 여기까지 배우러 온 것은 처음이라고 했다.

농사를 할 수 있게 되었다. 그러나 노지에서 무, 배추, 고추를 다량 생산할 수 있는 농경지 확보가 필요하였다. 필자가 이 제안을 하자 최엘리제 목사[305]의 친구가 10ha를 무상으로 대여해 주어서 넓은 경작지를 확보했다. 이 경작지는 코카서스 산에 쌓인 눈이 녹아내리는 수도가 흐르는 곳이어서 관수 시설이 용이하고 교통이 좋아 출하하기가 편리하였다. 2011년도에는 온풍기(전기, 가스)를 이용하여 비닐하우스 안에서 1월부터 농사하기를 시작하였다. 촉성재배로 봄 농사를 다량으로 재배하기 시작하였다.

육묘장에서는 한국 흥농종묘회사가 개발한 금강고추 바커스, 토마토, 피클 오이, 파프리카를 재배하기 시작하였다. 파프리카를 시험 재배하여 성공리에 수확하게 되었고, 다량으로 출하할 계획을 하고, 육묘하여 옮겨 심었고, 잘 자라서 5월이 되자 오이부터 매일 출하하기 시작하였다. 친구네 땅을 대여한 밭에는 봄 배추를 시차를 두고 팔 수 있도록 재배하였다. 봄 배추, 무, 고추, 상추, 양배추가 잘 자라서 백광무 1개당 20루블씩 팔 수 있었다. 러시아산 피망도 재배하여 성공하였고 한국산 고추는 붉게 익어 태양초 고춧가루도 생산되어 김치를 만드는 양념 재료가 만들어져서 김치를 판매할 수 있게 되었다.

농사 수입으로 오이 320,000루블($10,666), 가지 60,000루블($ 2,000), 파프리카 90,000루블($ 3,000), 무 50,000루블($1,666), 배추 50,000루블

---

305 최엘리제 전도사가 자격을 갖추어 카프카즈 노회에서 고시에 합격하고 목사 안수를 받아 목사로 엘호또보교회와 꼼소몰스꼬에교회 담임 목사로 목회와 자립 농장을 경작하고 있다.

(\$ 1,666), 토마토 35,000루블(\$ 1,066), 고추 50,000루블(\$1,666), 가을 무, 배추 106,000루블(\$ 3,854), 총계 27,200달러가 되었다. 혹한기와 겨울 농사 기한을 제외한 농사철에는 매일 평균 100달러를 수입할 수 있었다. 안타까운 것은 영하 9도까지 떨어지는 이상 기온의 변화가 10월에 왔다. 그러므로 고추 잎, 고추, 가을배추, 무가 얼어 버려서 가을 수입에 많은 차질이 왔다. 손해가 많았다. 이것은 영농일기를 써서 대비해야 하는 지혜를 가르쳐 주었다. 2011년도에는 2차 수익을 올린 해가 되었다.

이러한 이상기후 변화로 손해가 있어 2012년에는 이에 대비한 영농계획을 세워야 했다. 빌 게이츠의 『생각의 속도』에서 보면 시장에 진입할 때는 시장성을 생각하고 빨리 진입한다. 그것을 고품질 경쟁과 저가 경쟁 그리고 생각의 속도, 즉 속도 경쟁의 시장성에 맞춰서[306] 영농계획을 세워야 했다. 고품질과 신선도를 고려하여 한국 흥농종묘사의 씨앗을 선정했다. 봄 배추로 친정봄배추, 백광무, 바커스 토마토, 금강석 고추, 맛추임 봄 무를 구입하였고, 최고가인 파프리카 적색, 노란색, 황색(오렌지색) 씨앗을 구입하여 보냈다.[307] 이 종류의 씨앗이 1월부터 육묘장에서 길러져 여름 수확기에는 많은 수익을 예상했다. 2012년 6월 19일에 선교지를 방문하였을 때 작황을 볼 수 있었다. 11월부터 육묘장에서 기른 것들이 아주 무성하게 자라 잘 판매되고 있었다. 고추, 파프리카,

---

306 빌 게이츠, 앞의 책, 117.
307 Seminos사(흥농종묘사), 2011, 『몬산토 코리아 품종안내서』, 천지인농, 흥농씨앗, 2011, 13-41. 친정봄배추 96. 불암 3호 102. 맛추임 78. 청운무, 장녹수, 단무지 92. 파프리카, 바커스 13.

오이, 토마토, 봄 배추, 백광무가 출하되고 있으며, 배추도 잘 결구가
되어 포기당 3kg가 넘게 되었다. 지난해까지는 판로가 없어서 판매 출
하가 어려웠는데 고품질 농산물이 알려지자 신선도도 좋게 나옴으로 잘
판매되고 있었다. 최고 매출이 하루에 25,000루블($ 830)이었고, 적게
팔릴 때는 7,000루블($ 233)이었다. 매일 평균 1만 루블($ 310)의 수입이
되고 있었다. 필자가 방문한 6월 19일은 16,000루블($ 533)이었다. 가을
농사까지 하면 45,000달러를 예상한다.

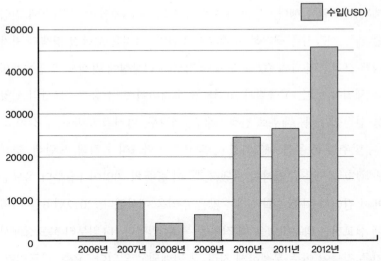

〈그림 1〉 꼼소몰스꼬에 교회 자립 농장의 실험과 수익

* 위의 도표를 통해 2006년에서 2009년까지 실험 기간이었음을 알 수 있다.
** 2010년부터 실질적인 수익이 이루어 졌다.

재배 농작물	① 피클 오이 ② 옥수수 ③ 무(봄, 가을) ④ 배추(봄, 가을) ⑤ 상추 ⑥ 고추 ⑦ 가지 ⑧ 파프리카 ⑨ 스페클라 ⑩ 카베츠 ⑪ 토마토

3. 김치 실험과 건강 돌보기

자립 농장에서 무, 배추 등 채소 재배가 성공적으로 이루어졌다. 특히 봄 배추와 봄 무가 잘 되었고 가을과 여름 배추, 무도 잘 되었다. 이것은 김치의 주재료이며 사계절 김치를 만들어 팔 수 있는 2차 산업으로 경제적 자립의 수입원의 하나가 될 수 있을 것으로 생각하였다. 김치에는 양념 재료가 있어야 한다. 그것이 고추인데 러시아에는 햇빛이 약해서 붉은 고추가 달려도 건조가 안 되어서 태양초 고춧가루를 생산하지 못했었다. 한국에 와서 이 기술을 배워 갔기 때문에 이제는 김치 양념의 주재료인 고추를 촉성재배로 일찍 생산을 하고 여름의 뜨거운 햇빛으로 건조하여 태양초 고춧가루를 만들 수 있게 되었다. 또한 마늘이 재배되어야 필수 양념 재료를 가지게 된다. 이것도 잘 생산되었다. 배추, 무, 고추, 마늘이 생산되었기 때문에 김치를 산업으로 키울 수 있다. 또 다른 양념은 파와 양파인데, 이것은 이미 러시아에서 사용되는 주재료로서 김치 양념 재료 생산에 성공한 것이다. 그러나 필수 양념 중에 젓갈이 있어야 한다. 이것을 만드는 기술도 한국에서 배워서 전수해 갔다. 이 김치 제조업으로 산업을 키우기 위해서 2009년 10월에 한국에 와서 한 달간 기술을 배웠고, 실습으로 550kg을 만들어 판매도 해보았다. 영등포노회 각 교회에서 적극적으로 협력하여 다 구매해 주었다.

다량 제조 판매를 위해 김치 공장을 견학하기도 했다. 농협 전직 지점장이었던 L 장로가 주선하여 경기도 연천군 청산리에 있는 청산농협 김치공장을 견학하게 되었다. 이때에 기술부장이 러시아인들에게 설명하는 중에 하는 말이 있었다.

> 김치를 만들어 수출하는데 큰 문제는 무균으로 해야 하기 때문에 검역을 거쳐야 한다. 배추 양념 물에 세균이 있는데 이것을 어떻게 무균으로 살균처리 해야 할까? 여러 번 멸균 소독을 실험하였다. 그러다가 발견한 것이 김치를 담아 발효가 되면 김치에서 발생하는 유산균에 의해 모든 세균이 전멸하는 것을 발견했다.[308]

이 말을 들은 필자는 과학적인 연구와 학자들의 발표한 근거 자료를 찾게 되었다. 이 자료에 의하면 우리나라는 1984-1989년까지 김치를 연구하여 그 과학적 이론 정립과 산업화에 들어갔고, 1989년 한국 미생물 학회지에 첫 논문을 발표하게 되었다.[309] 이 연구는 여러 대학 식품 연구소에서 실험, 연구되었고 두산 기업체에서 연구, 실험, 개발 산업화를 이루어 수출 산업으로 세계 시장에서 경쟁하여 일본의 기무치를 능가하게 되었다.[310]

500명의 과학자들이 계속 실험, 연구 개발 중이며 연간 1조 2천억의

---

308 2009년 10월 23일 한국 경기도 연천군 청산리에 있는 농협청산 김치 공장 견학 시 방문단, 러시아에서 온 수강생들과 본 교회 김치 기술자들에게 설명하는 자리에서 김치 맛을 내는 기술과 김치의 건강식품에 대한 지식을 알려 주는 말이었다.

309 한홍의, 『김치 위대한 유산』, 서울: 도서출판 한울, 2006, 64.

310 한홍의, 위의 책, 170-202.

수익을 올린다.[311] 이 연구에 의하면 류코노스톡(Leuconostoc)과 락토바실루스(Lactobacillus) 그리고 바이셀라(Weissella) 유산균 15종이 발견되었고, 류코노스톡 김치아이라는 유산균은 조류독감 바이러스를 치사시킬 수 있다는 연구 결과가 나왔는데, 이는 세계적인 경사라 할 수 있다.[312]

500여 명의 연구원에게서 600여 편의 학술 논문이 나왔다.[313] 그리고 200종의 김치가 개발되었고,[314] 김치는 수많은 병을 이기는 면역 기능과 항암 효과와 슈퍼박테리아를 죽여 버리는 성과도 연구되어서 건강에 유익한 음식으로 약효 현상도 발견하게 되었다.[315] 많은 연구 성과가 한 홍의 박사의 저서인 『김치 위대한 유산』 158-264페이지에 자세히 기록되어 있다. 김치는 여러 가지 병을 이기는 기능식품이며 종합 영양소라 할 만한 유산균과 영양으로 면역력을 증강키는 식품이라고 한다.[316]

　　　"김치에는 지금도 이러한 유산균들이 살고 있으며, 다만 김치에서의 역할이 역전되어 축소되었을 뿐이라 한다. 이러한 현상은 배추의 재배 시기, 품종의 변이, 발효 및 보관의 시대적 변화에 기인되는 것으로 추정하고 있다. 김치는 유산균이 김치의 생명이

---

311 한홍의, 앞의 책, 155.
312 한홍의, 위의 책, 204.
313 한홍의, 위의 책, 265.
314 한홍의, 위의 책, 158.
315 한홍의, 위의 책, 265-271.
316 한홍의, 위의 책, 201.

다.” 라는 표어가 혼자 외치는 함성이 아니길 바랄 뿐이다.[317]

부산대학교 김치연구소에서 발표한 김치의 과학이다.

김치는 발효 과정을 거치는 동안 배추와 무 등의 주재료에 갖은 양념이 고루 어우러져 독특한 맛을 낸다. 김치는 당과 지방 함량은 낮고 비타민과 무기질, 섬유질은 높은 저열량 알카리성 식품이다. 특히 채소가 귀하고 비싼 겨울철에 비타민 C의 보급원으로 매우 좋다. 김치를 담글 때 많이 사용되는 부재료 중에서 마늘은 강장식품으로 피로회복에 효과가 있으며 마늘의 알리신(Allicin)은 비타민 B1과 같이 결합하여 체내에서 비타민 B1 흡수를 좋게 한다. 또한 젓갈과 해산물에는 양질의 단백질이 많이 함유되어 있어 김치가 익으면서 젓갈에 들어 있는 단백질이 아미노산으로 분해되면 생선의 뼈가 김치에 흡수되어 칼슘의 공급원이 되기도 한다. 김치는 대장암, 비만, 당뇨병, 고혈압에 효과와 장을 깨끗하게 해 주는 작용이 있으며 위장 내의 단백질 분해 효소인 펩신(pepsin) 분비를 촉진시키고 소화, 흡수 작용을 촉진시키며 장내 미생물 분포를 정상화시킨다.[318]

김치는 이러한 과학적 실험을 통해 우리 몸에 유익한 식품이며 병리

---

317 윤숙자, 『굿모닝 김치』, 서울: 한림출판사, 2006, 12.
318 윤숙자, 위의 책, 12.

적 효과까지 찾아낸다. 또한 김치와 건강식품에 대하여서 다음과 같이 발표하였다.

① **식욕 촉진:** 김치는 먼저 맛, 향기, 색깔 등에 의해 식욕을 돋구는 특성을 갖는다. 김치의 주재료는 채소이므로 채소류의 신선한 맛, 젖산 발효에 의해 상쾌한 맛, 고춧가루를 비롯한 향신료의 독특한 맛, 젓갈류 등의 감칠맛 등이 어우러져 식욕을 촉진 시킨다.[319]

② **다이어트 효과:** 다이어트 효과는 고춧가루 내의 캡사이신이 중요한 역할을 담당하지만 김치로 되어 있을 때 특히 적당히 익었을 때 다이어트 효과가 더 커진다. 고지방 식이에 고춧가루를 5% 첨가한 식이군과 김치(5% 고춧가루를 첨가함)를 10% 첨가한 식이군은 모두 고지방 식이만을 먹인 군보다 유의적으로 체중이 작았으며(P<0.05) 김치에 넣은 고춧가루 양과 동일한 양의 고춧가루를 식이에 첨가한 군보다 김치를 첨가한 식이군이 체중 증가율은 낮았다.[320]

③ **변비 및 대장암 예방:** 김치는 유기산, 유산균, 식이섬유소 등을 함유함으로 변비와 대장암 예방에 중요하게 작용한다. 김치 내의 식이 섬유소 (24%)는 고혈압, 당뇨병, 변비 예방, 및 항암 효과 등을 기대할 수 있다. 김치 속에 있는 유산균(probiotic)으로 우리 인체에 유리하게 작용하여 김치 유산 자체가 정장 작용, 항 돌연변이 및 항암 작용에 관여한다. 김치는 정장 작용이 있다고 알려져 있는데 김치의 섭취로 인체에 유익한 김치 유산균인 젖산간균(Lactobacillus)과 류코노스톡속(Leuconostoc)

---

319 윤숙자, 앞의 책, 12.
320 윤숙자, 위의 책, 13.

의 균수가 유의적으로 증가하였으며, 대장균(E. Coli)의 수는 다소 감소하였다. 또한 김치의 섭취로 장내 유해 요소로 알려진 베타 글루코시다제(B-glucosidase)와 베타 글루코로니다제(B-glucuronidase)가 유의적으로 감소하였다. 이는 한국인의 김치 섭취와 낮은 대장암 발생 빈도의 관계를 부분적으로나마 뒷받침해 주는 결과라고 했다.[321]

④ **동맥경화 예방:** 김치의 섭취는 혈청 콜레스테롤의 양을 감소시키고 피브린(fibrin)을 분배하는 활성을 가져 동맥경화를 예방하는 효과를 갖는다.

⑤ **노화 억제:** 김치는 비타민 C, 베타 카로틴(B-carotene), 페놀(phenolic) 화합물, 클로로필 등에 의해 항산화 작용을 가져 노화를 억제하는 특성, 특히 피부 노화를 억제하는 효과가 있다.

⑥ **암 예방:** 김치 내의 B-sitosteral, 불포화지방산(PUFA), 유도체 유산균, 글루코시놀레이츠(glucosionolates), 이소티오시아네이트류(isothiocyanates), 인돌(indoles), 알리(Allyl) 화합물들에 의해 항암 작용을 가지며 이들 물질은 또한 면역 증강 효과를 갖는다.[322]

미네랄 닥터(Mineral Doctor)로 세계에 알려져 있는 월렉(Dr. Joel Wallach)은 12년 동안 454종류가 넘는 동물에 대해 17,500회 부검을 했으며 동

---

321 윤숙자, 앞의 책, 13.
322 닥터 월렉, 『죽은 의사는 거짓말 하지 않는다』(Dead Docters Don't Lie!), 박우철 역 서울: 도서출판 꿈과의지, 2005, 15.

물원 인근 주민 3,000명의 시체를 부검했다.[323] 알아낸 것은 사람이나 동물이나 자연사하는 경우 그 사유는 영양 부족이라는 사실이었다. 영양소가 인체에 미치는 영향에 관한 그의 혁신적 연구를 발표하여 1991년 의학부문 노벨상 후보로 지명되었다.[324]

그의 많은 연구 가운데 세계 장수마을에서 발견한 것은 발효 음식인 요구르트였고, 세계적 장수 기록들을 탐구한 결과 충분한 영양 공급이 건강과 장수의 비결이었다.[325] 그러므로 월렉은 환자가 발생하면 병원균을 찾는 것이 아니라 환자의 영양 상태를 진단하여 영양 부족을 원인으로 하여 오는 질병들, 칼륨 결핍으로 오는 뇌암의 원인도 찾아냈다.[326]

이 영양 공급원이 김치라면 김치는 발효 과학이 만들어 낸 것이다. 발효 과학지에 의하면 미생물을 연구함에서 시작되었는데 그 미생물이 발효를 일으키는 효모를 알게 되었고 이 미생물을 이용하여 발효 공업을 만들어냈다. 이 효소로 전분 가공, 식품 가공, 양조용 사료 첨가, 세제용, 섬유 가공, 피혁 가공, 폐수 처리 등 넓은 범위로 사용된다. 곡류 발효 식품이 제조되었고, 양조의 주류와 식초가 개발되어 산업화가 되었다.[327]

대두 발효 식품으로 간장, 된장, 고추장, 청국장이 나왔다. 채소 발효

323 닥터 월렉, 앞의 책, 8.
324 닥터 월렉, 위의 책, 25.
325 닥터 월렉, 위의 책, 63.
326 심상국 외 5인 공저, 『발표식품학』 서울: 도서출판 진로, 2010, 147.
327 심상국, 위의 책, 313.

식품으로는 김치, 쓰케모노, 피클, 피사우어크리우트, 중국의 절임 식품, 동남아의 절임 식품이 사용되고, 수산 발효식품으로는 주로 젓갈류인데, 젓갈류의 산업화를 위한 연구 개발이 계속되고 있다.[328]

축산 발효식품은 발효유와 치즈이며 발효육 제품이 소시지와 햄을 개발하여 식품으로 사용한다.[329] 이 중에서 김치는 채소 발효식품으로서 많은 영양소가 들어 있어 건강 돌보기의 지혜가 들어 있다.

김치는 여러 가지 영양이 있고 한국인 500여 명의 김치 연구하는 과학자들이 발표한 15종의 유산균으로 슈퍼박테리아까지 이기는 등 사람의 건강에 아주 큰 유익을 주는 식품이다. 자립 농장이 있는 동네 꼼소몰스꼬에 2012년 5월에 닭의 유행병인 뉴캐슬이란 병이 번져서 온 동네 닭이 다 죽었다. 그때 자립 농장에는 닭 40마리와 병아리 80마리가 자라고 있었다. 마침 TV 방송에서 김치를 먹이면 병을 이긴다는 뉴스를 보도했다. 최엘리제 목사가 이것을 보고 닭에게 김치국을 먹였다. 그 결과 온 동네 닭은 다 죽었지만 농장에 있는 닭은 모두 건강하게 잘 자라고 있다. 김치는 동물, 가축의 건강에도 좋은 식품이다. 이 집에는 김치 재료가 있고, 김치를 만들어 먹기 때문에 김치가 있었다.

한국 세브란스 병원 내과 의사요 외래 교수로 활동 중인 남재현 의사는 한국인 사망 원인 50% 이상이 생활 습관병(성인병)이라고 했다. 특히 식생활 습관이 제일 크게 영향을 주고 있으며 제1 위험구역은 비만과

---

328 심상국, 앞의 책, 374.

329 남재현, 『생활 습관이 병을 만든다』 서울: 조선일보사, 2001, 28-90.

당뇨이다.[330] 그 다음은 고혈압과 동맥경화증으로 돌연사이다.[331] 그리고 그 다음을 차지하는 것이 암이다.[332] 이 생활 습관에서 "예방과 치료에 중요한 것은 영양이며 치료하는 약도 있다."[333]고 주장하였다. 이러한 과학적 연구에 따르면 미국인들의 식생활 습관은 육식 습관으로 인해 비만과 성인병이 주 사망 원인이 된다는 것을 알 수 있다. 또 러시아 선교지에도 장수촌이라 하지만 식생활이 빵과 소고기, 치즈, 아이란(요구르트), 토마토와 오이를 주식으로 하기 때문에 비만과 당뇨, 고혈압의 성인병 그리고 술을 많이 마시는 습관이 건강을 크게 해치는 것을 관찰할 수 있다.

연세대학교 화학과 이길상 교수는 "성서에서 본 식생활과 건강법에 대하여 우리가 먹는 채소에는 여러 가지 약제가 들어 있고" 식물성 식사와 암에 대하여 말하기를 "암에 걸려 희망을 잃고 사경을 헤매다가 성서를 읽고 식물성으로 식생활을 고쳐서 완치된 사람들이 있다."고 주장한다. 그중 한 사람인 미국 메도디스트(Methodist) 병원장 안토니 J. 샛틀랠로 박사는 1978년 6월 암 선고를 받았다. 그는 성경을 읽으며 죽음을 준비했다. 그러다가 성서에 식생활 규례와 법도가 언급된 성경구절 창세기 1장 29절을 발견하고 자신의 식생활을 식물성으로 바꾸었다. 1981년 8월 정밀 진단을 받았는데 주치의는 "완치"라고 진단을 내

---

330 남재현, 앞의 책, 118-130

331 남재현, 위의 책, 138-150

332 남재현, 위의 책, 172-191.

333 이길상, 『성서에서 본 식생활과 건강법』(건강시리즈 1권), 서울: 기독교문화사, 1993, 72-82.

렸다.[334] 성서대로 살지 않고 자기 마음대로 살다가 암이란 채찍을 맞은 다음 성서로 돌아와 살아가기 시작한 것이 암을 극복했다.[335]

이러한 과학적 증거로 김치 실험에서 사람들의 건강 돌보기에 좋은 영양소와 약효를 발견하였다. 그러므로 김치를 만들어 먹고 선교지 교우들에게 보급하여 가난해서 병든 병이나 비만으로 오는 병들을 치유해 주는 효과와 긍휼 사역에 아주 좋은 길이라고 생각한다. 또 이것을 산업화하여 경제적 유익이 있어 자립에도 도움을 줄 수 있다. 왜냐하면 김치를 많이 먹어서 건강케 하려면 김치 재료인 배추, 무, 고추, 마늘, 양파가 재배되어 생산이 되어야 한다. 그리고 이것을 가지고 김치를 만드는 산업으로 발전시키면 여러 사람들의 일터(직장)가 생기기 때문에 선교지 교회 성도들의 선한 사업이 될 수 있다.

4. 자립에 대한 조사 대상

선교지 교회의 자립에 대한 조사대상으로 선정한 교회는 선교지에 교회를 세우고, 매달 선교비로 후원하는 동서선교회 교회를 선정하였다. 타 노회 송학대교회는 남미에 선교사를 파송하였고 후원을 계속하고 있는 교회이다. 이 교회들은 선교지 교회들이 잘 성장하기를 바라고 깊은 관심을 가지고 경제적 후원만이 아니고 기도와 여러 가지로 지원

---

334 이길상, 앞의 책, 79.
335 이길상, 위의 책, 79-80.

하고 있으며 해마다 선교지를 방문하여 힘을 주고 있다. 우선 조사대상
은 선교지 교회들을 선정하였다. 이 교회들은 다음과 같다. 광명교회,
신도교회, 영은교회, 영등포교회, 영등포신학원, 영도교회, 도림교회,
화곡동중앙교회, 남도교회, 영서교회, 송학대교회, 양평동교회, 구로지
구 교회연합회이다.

러시아 선교지 교회들은 한국에서 동서선교회의 후원을 받고 있는
카프카즈 노회 안에 있는 교회들이다. 그 교회들이 선교비를 지원하는
선교지 교회의 자립도와 의존도를 알아보기 위해서 선교지 교회들을 조
사대상으로 선정하였다. 또한 자립 의식 조사와 무엇을 해야 하는지,
현지 교회들의 의식을 조사해야 했다. 이 교회들은 다음과 같다.

날칙(Nalchik)교회, 모즈독(Mozdok)교회, 뿌로홀로드니(Broch-olodny)
교회, 민보드(Minvod)교회, 카프카즈(Caucasus) 노회원, 뻬아지-골스키
(Beazigolsky)교회, 날드깔라(Naldkala)교회, 마이스키(M-aysky)교회, 아치
쿨락(Achikulak)교회들이다.

선교지 후원하는 교회와 선교지 교회를 자립선교 의지를 조사하는
대상으로 위와 같이 선정하였다.

5. 선교지 교회 자립 의식 설문조사 분석

가. 조사대상

1) 선교지 교회 신도

본 연구의 조사대상자 중 선교지 교회 신도들의 일반적 특성은 〈표 4〉와 같다.

〈표 4〉 선교지 교회 신도의 일반적 특성

구분		빈도(명)	백분율(%)
성별	남	32	23.0
	여	107	77.0
연령	30대	33	23.7
	40대	18	12.9
	50대	24	17.3
	60대	35	25.2
	70대 이상	29	20.9
직분	목사	15	10.8
	전도사	18	12.9
	권사	5	3.6
	집사	41	29.5
	평신도	60	43.2
신앙 경력	모태신앙	3	2.2
	1–5년 미만	15	10.8
	5–10년 미만	26	18.7
	10–20년 미만	74	53.2
	20–30년 미만	7	5.0
	30년 이상	14	10.1

구분		빈도(명)	백분율(%)
교회 신도 수	30명 미만	24	17.3
	30–50명 미만	9	6.5
	50–70명 미만	40	28.8
	70–100명 미만	7	5.0
	100–300명 미만	58	41.7
	300명 이상	1	0.7
계		139	100.0

성별로는 여자 신도가 77.0%로 남자 신도 23.0%보다 높은 분포를 보였다. 연령별로는 60대가 25.2%로 가장 많았으며, 다음으로 30대 23.7%, 70대 이상 20.9%, 50대 17.3%, 40대 12.9% 순으로 나타났다. 직분별로는 평신도가 43.2%로 가장 높은 분포를 보였으며, 다음으로 집사 29.5%, 전도사 12.9%, 목사 10.8%, 권사 3.6% 순이었다. 신앙 경력별로는 10-20년 미만이 53.2%로 절반 이상을 차지하였으며, 다음으로 5-10년 미만 18.7%, 1-5년 미만 10.8%, 30년 이상 10.1%, 20-30년 미만 5.0%, 모태신앙 2.2%순으로 높은 분포를 보였다. 교회 신도 수별로는 100-300명 미만이 41.7%로 가장 많았으며, 다음으로 50-70명 미만 28.8%, 30명 미만 17.3%, 30-50명 미만 6.5%, 70-100명 미만 5.0%, 300명 이상 0.7%순으로 나타났다.

2) 후원 교회 신도

본 연구의 조사대상자 중 후원 교회 신도들의 일반적 특성은 〈표 5〉

와 같다.

<표 5> 후원 교회 신도의 일반적 특성

구분		빈도(명)	백분율(%)
성별	남	308	48.6
	여	326	51.4
연령	30대	101	15.9
	40대	168	26.5
	50대	199	31.4
	60대	122	19.2
	70대 이상	44	6.9
직분	목사	62	9.8
	전도사	34	5.4
	권사	120	18.9
	집사	306	48.3
	평신도	112	17.7
신앙 경력	모태신앙	152	24.0
	1–5년 미만	17	2.7
	5–10년 미만	36	5.7
	10–20년 미만	76	12.0
	20–30년 미만	126	19.9
	30년 이상	227	35.8
교회 신도 수	100명 미만	7	1.1
	100–200명 미만	16	2.5
	200–300명 미만	20	3.2
	300–500명 미만	24	3.8
	500–1000명 미만	126	19.9
	1000명 이상	441	69.6
계		634	100.0

성별로는 여자 신도가 51.4%로 남자 신도 48.6%보다 많았다. 연령

별로는 50대가 31.4%로 가장 많았으며, 다음으로 40대 26.5%, 60대 19.2%, 30대 15.9%, 70대 이상 6.9% 순으로 나타났다. 직분별로는 집사가 48.3%로 가장 높은 분포를 보였으며, 다음으로 권사 18.9%, 평신도 17.7%, 목사 9.8%, 전도사 5.4% 순으로 나타났다. 신앙 경력별로는 30년 이상이 35.8%로 가장 많았으며, 다음으로 모태신앙 24.0%, 20-30년 미만 19.9%, 10-20년 미만 12.0%, 5-10년 미만 5.7%, 1-5년 미만 2.7% 순으로 높은 분포를 보였다. 교회 신도 수별로는 1000명 이상이 69.6%로 대부분을 차지하였으며, 다음으로 500-1000명 미만 19.9%, 300-500명 미만 3.8%, 200-300명 미만 3.2%, 100-200명 미만 2.5%, 100명 미만 1.1% 순으로 나타났다.

나. 자료 분석

본 연구의 수집된 자료는 SPSS(Statistical Package for the Social Science) WIN 15.0 프로그램을 이용하여 분석하였다. 분석기법으로는 선교지 교회와 후원 교회 신도들의 일반적 특성을 파악하기 위해 빈도와 백분율을 산출하였으며, 선교지 교회와 후원 교회의 신도들의 교회 자립에 대한 인식을 알아보기 위해 검증(t-test)과 일원변량분석(One-way ANOVA), 빈도 분석 그리고 χ^2(Chi-square) 검증을 실시하였다.

다. 설문 조사 분석 결과

1) 선교지 교회 신도의 인식

(a) 교회 자립
① 교회의 자립 필요성

교회의 자립 필요성에 대해 선교지 교회 신도들의 인식을 살펴본 결과는 〈표 6〉과 같이 5점 만점 중 전체 평균이 3.90으로, 선교지 교회 신도들은 교회의 자립이 필요하다고 인식하는 것으로 나타났다(자세한 내용은 표 참조). 직분이나 신앙 경력, 교회 신도 수 등 일반적 특성별로는 별다른 차이를 보이지 않았다.

〈표 6〉 교회의 자립 필요성

구분		N	Mean	SD	t(F)	p
성별	남	32	3.66	1.34	-1.27	0.210
	여	107	3.97	0.78		
연령	40대 이하	51	3.84	0.95	0.34	0.798
	50대	24	3.79	1.02		
	60대	35	3.97	1.07		
	70대 이상	29	4.00	0.71		
직분	목사/전도사	33	3.97	0.95	1.39	0.252
	권사/집사	46	4.04	0.67		
	평신도	60	3.75	1.10		
신앙 경력	10년 미만	44	3.70	1.00	1.40	0.249
	10-20년 미만	74	4.00	0.88		
	20년 이상	21	3.95	1.02		

교회 신도 수	50명 미만	33	4.12	0.82		
	50-100명 미만	47	3.68	0.94	2.30	0.104
	100명 이상	59	3.95	0.99		
전체		139	3.90	0.94		

② 교회 자립 선호 정도

선교지 교회 신도들이 교회의 자립을 원하는지 살펴본 결과는 〈표
7〉과 같이 5점 만점 중 전체 평균이 4.27로, 선교지 교회 신도들은 교
회의 자립을 비교적 강하게 원하는 것으로 나타났다.

〈표 7〉 교회 자립 선호 정도

구분		N	Mean	SD	t(F)	p
성별	남	32	4.19	1.09	-0.61	0.540
	여	107	4.30	0.84		
연령	40대 이하	51	4.41	0.80	1.45	0.231
	50대	24	4.42	0.83		
	60대	35	4.17	1.12		
	70대 이상	29	4.03	0.78		
직분	목사/전도사	33	4.52	0.76	1.69	0.189
	권사/집사	46	4.15	0.84		
	평신도	60	4.23	1.00		
신앙 경력	10년 미만	44	4.00	1.01	4.88**	0.009
	10-20년 미만	74	4.31	0.86		
	20년 이상	21	4.71	0.56		
교회 신도 수	50명 미만	33	4.33	0.69	5.77**	0.004
	50-100명 미만	47	3.94	1.09		
	100명 이상	59	4.51	0.75		
전체		139	4.27	0.90		

** $p < .01$

또한 신앙 경력이 많은 신도일수록 그리고 교회 신도가 100명 이상 인 신도가 다른 신도보다 교회의 자립을 원하였다.

③ 후원 교회에서 선교지 교회의 후원 필요성

후원 교회에서 선교지 교회의 후원 필요성에 대해 선교지 교회 신 도들의 인식을 살펴본 결과는 〈표 8〉과 같이 5점 만점 중 전체 평균이 3.24로, 선교지 교회 신도들은 후원 교회에서 선교지 교회를 그다지 후 원해 주지 않아도 된다고 인식하는 것으로 나타났다. 이것은 그동안의 자립선교가 일정 정도 성과를 거두고 있는 까닭인 것으로 추정된다. 후 원 교회의 후원이 없어도 자립할 수 있다는 자신감이 쌓인 것이다.

〈표 8〉 후원 교회에서 선교지 교회의 후원 필요성

구분		N	Mean	SD	t(F)	p
성별	남	32	2.84	1.14	−2.30*	0.023
	여	107	3.36	1.12		
연령	40대 이하	51	2.96	1.10	4.85**	0.003
	50대	24	2.96	1.12		
	60대	35	3.34	1.21		
	70대 이상	29	3.86	0.92		
직분	목사/전도사	33	3.03	1.19	0.84	0.434
	권사/집사	46	3.26	1.02		
	평신도	60	3.35	1.21		
신앙 경력	10년 미만	44	3.43	1.17	1.64	0.198
	10–20년 미만	74	3.08	1.04		
	20년 이상	21	3.43	1.36		

교회 신도 수	50명 미만	33	3.00	0.97	12.70***	0.000
	50-100명 미만	47	3.87	0.95		
	100명 이상	59	2.88	1.18		
전체		139	3.24	1.14		

* $p < .05$, ** $p < .01$, *** $p < .001$

반면에 남자보다는 여자 신도들이, 70대 이하보다는 70대 이상인 신도들이 그리고 교회 신도가 50-100명 미만인 신도가 다른 신도보다 후원 교회에서 선교지 교회를 후원해 주어야 한다고 인식하였다. 이 통계는 남자보다는 여자들에 대한 교육이 필요하며, 일정 정도 연세 이상의 노인들에게 자신감을 심어 줄 필요가 있고, 교회가 부흥될수록 자립심이 커진다는 사실을 보여 준다.

④ 후원 교회로부터의 적정한 후원 기간

후원 교회로부터의 적정한 후원 기간에 대해 선교지 교회 신도들의 인식을 살펴본 결과는 〈표 9〉와 같다.

〈표 9〉 후원 교회로부터의 적정한 후원 기간

구분	빈도(명)	백분율(%)
3년	6	11.5
5년	16	30.8
10년	12	23.1
15년	3	5.8
16년 이상	15	28.8
계	52	100.0

〈표 9〉에서 보는 바와 같이 후원 교회로부터의 후원 기간은 5년이 적정하다고 인식하는 신도가 30.8%로 가장 많았으며, 다음으로 16년 이상 28.8%, 10년 23.1%, 3년 11.5%, 15년 5.8% 순으로 나타났다. 따라서 선교지 교회 신도들은 후원 교회로부터의 후원 기간은 5년이 가장 적정하다고 인식하고

있음을 알 수 있다.

⑤ 후원 교회로부터의 후원 여부

선교지 교회의 신도들이 후원 교회로부터 후원을 받고 있는지 살펴본 결과는 〈표 10〉과 같이 후원 교회로부터 후원을 받고 있지 않다고 인식하는 선교지 교회 신도가 68.3%로 받고 있다고 인식하는 신도 31.7%보다 많은 것으로 나타났다.

특별히 50-100명 미만인 신도가 그보다 더 큰 규모 교회의 다른 신도보다 후원 교회로부터 후원을 받고 있다고 인식하고 있는 것은 아무래도 교회 규모가 적다 보니 후원의 필요성을 더 크게 느끼고 있는 것으로 보였다.

〈표 10〉 후원 교회로부터의 후원 여부

구분		그렇다	아니다	계	x2 (df)	p
성별	남	9 (28.1)	23 (71.9)	32 (23.0)	0.24 (1)	0.625
	여	35 (32.7)	72 (67.3)	107 (77.0)		
연령	40대 이하	13 (25.5)	38 (74.5)	51 (36.7)	1.57 (3)	0.667
	50대	8 (33.3)	16 (66.7)	24 (17.3)		
	60대	12 (34.3)	23 (65.7)	35 (25.2)		
	70대 이상	11 (37.9)	18 (62.1)	29 (20.9)		
직분	목사/전도사	8 (24.2)	25 (75.8)	33 (23.7)	1.17 (2)	0.558
	권사/집사	15 (32.6)	31 (67.4)	46 (33.1)		
	평신도	21 (35.0)	39 (65.0)	60 (43.2)		
신앙 경력	10년 미만	19 (43.2)	25 (56.8)	44 (31.7)	4.61 (2)	0.100
	10-20년 미만	21 (28.4)	53 (71.6)	74 (53.2)		
	20년 이상	4 (19.0)	17 (81.0)	21 (15.1)		

교회 신도 수	50명 미만	6 (18.2)	27 (81.8)	33 (23.7)	49.72 (2)***	0.000
	50-100명 미만	33 (70.2)	14 (29.8)	47 (33.8)		
	100명 이상	5 (8.5)	54 (91.5)	59 (42.4)		
계		44 (31.7)	95 (68.3)	139 (100.0)		

***p<.001

〈그림 2〉 후원 교회로부터의 후원 여부

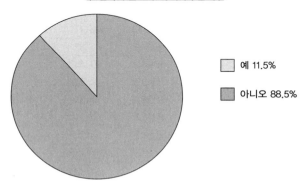

예 11.5%

아니오 88.5%

⑥ 외부의 재정적 지원 여부

교회가 외부로부터 재정적 지원을 받고 있는지에 대해 선교지 교회 신도들의 인식을 살펴본 결과는 〈표 11〉과 같이 교회가 외부로부터 재정적 지원을 받고 있지 않다고 인식하는 선교지 교회 신도가 88.5%로 대부분을 차지하였으며, 받고 있다고 인식하는 신도는 11.5%로 비교적 적은 것으로 나타났다. 선교지 교회 신도들의 일반적 특성별로는 별다른 차이를 보이지 않았다.

<표 11> 외부의 재정적 지원 여부

구분		그렇다	아니다	계	x2(df)	p
성별	남	3 (9.4)	29 (90.6)	32 (23.0)	0.19 (1)	0.666
	여	13 (12.1)	94 (87.9)	107 (77.0)		
연령	40대 이하	7 (13.7)	44 (86.3)	51 (36.7)	4.44 (3)	0.218
	50대	5 (20.8)	19 (79.2)	24 (17.3)		
	60대	3 (8.6)	32 (91.4)	35 (25.2)		
	70대 이상	1 (3.4)	28 (96.6)	29 (20.9)		
직분	목사/전도사	4 (12.1)	29 (87.9)	33 (23.7)	1.23 (2)	0.541
	권사/집사	7 (15.2)	39 (84.8)	46 (33.1)		
	평신도	5 (8.3)	55 (91.7)	60 (43.2)		
신앙 경력	10년 미만	3 (6.8)	41 (93.2)	44 (31.7)	1.40 (2)	0.496
	10–20년 미만	10 (13.5)	64 (86.5)	74 (53.2)		
	20년 이상	3 (14.3)	18 (85.7)	21 (15.1)		
교회 신도 수	50명 미만	5 (15.2)	28 (84.8)	33 (23.7)	1.04 (2)	0.596
	50–100명 미만	6 (12.8)	41 (87.2)	47 (33.8)		
	100명 이상	5 (8.5)	54 (91.5)	59 (42.4)		
계		16 (11.5)	123 (88.5)	139 (100.0)		

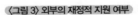

<그림 3> 외부의 재정적 지원 여부

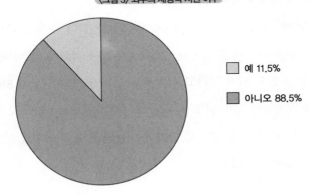

예 11.5%

아니오 88.5%

⑦ 교회의 자립 비전 여부

교회의 자립 비전에 대해 선교지 교회 신도들의 인식을 살펴본 결과
는 〈표 12〉와 같이 교회가 자립할 비전이 있다고 인식하는 선교지 교회
신도가 72.7%로 대부분을 차지하였으며, 그렇지 않다고 인식하는 신도
는 27.3%로 나타났다.

〈표 12〉 교회의 자립 비전 여부

구분		있다	없다	계	χ^2 (df)	p
성별	남	25 (78.1)	7 (21.9)	32 (23.0)	0.63 (1)	0.429
	여	76 (71.0)	31 (29.0)	107 (77.0)		
연령	40대 이하	43 (84.3)	8 (15.7)	51 (36.7)	8.02* (3)	0.046
	50대	17 (70.8)	7 (29.2)	24 (17.3)		
	60대	25 (71.4)	10 (28.6)	35 (25.2)		
	70대 이상	16 (55.2)	13 (44.8)	29 (20.9)		
직분	목사/전도사	29 (87.9)	4 (12.1)	33 (23.7)	7.08* (2)	0.029
	권사/집사	28 (60.9)	18 (39.1)	46 (33.1)		
	평신도	44 (73.3)	16 (26.7)	60 (43.2)		
신앙 경력	10년 미만	27 (61.4)	17 (38.6)	44 (31.7)	4.26 (2)	0.119
	10–20년 미만	57 (77.0)	17 (23.0)	74 (53.2)		
	20년 이상	17 (81.0)	4 (19.0)	21 (15.1)		
교회 신도 수	50명 미만	25 (75.8)	8 (24.2)	33 (23.7)	6.46*(2)	0.040
	50–100명 미만	28 (59.6)	19 (40.4)	47 (33.8)		
	100명 이상	48 (81.4)	11 (18.6)	59 (42.4)		
계		101 (72.7)	38 (27.3)	139 (100.0)		

* $p < .05$

특히 연령별로는 40대 이하 신도가 다른 신도보다 교회가 자립할 비
전이 있다고 인식하였고, 70대 이상 신도는 다른 신도보다 교회가 자립

할 비전이 없다고 인식하고 있었다. 교회의 비전을 이루기 위해서는 40대 이하 신도들의 역량을 잘 활용해야 할 것이며, 70대 이상 신도들에게 소망을 심어 줘야 할 것이다. 또 직분이 높은 신도일수록 교회가 자립할 비전이 있다고 인식하였으며, 교회 신도 수가 100명은 넘어야 자립 비전을 갖게 된다는 것을 알 수 있다.

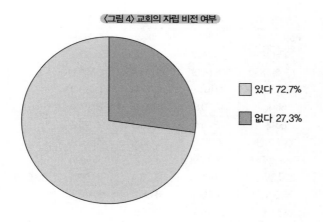

〈그림 4〉 교회의 자립 비전 여부

있다 72.7%

없다 27.3%

(b) 자립 방안
① 자립 위한 자영업 여부

그렇다면 선교지 교회의 자립 비전을 이루기 위한 방안은 무엇일까? 먼저 선교지 교회에서 자립을 위한 자영업 여부에 대해 질문했다. 그 결과는 〈표 13〉과 같이 교회에서 자립을 위해 자영업을 하고 있지 않다고 인식하는 선교지 교회 신도가 84.9%로 대부분을 차지하였으며, 자영업을 하고 있다고 인식하는 신도는 15.1%로 비교적 적은 것으로 나타났다. 직분이 높은 신도일수록 그리고 신앙 경력이 많은 신도일수록 다른 신도보다 교회에서 자립을 위해 자영업을 하고 있다고 인식하였다.

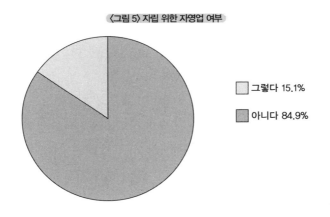

〈그림 5〉 자립 위한 자영업 여부

그렇다 15.1%

아니다 84.9%

〈표 13〉 자립 위한 자영업 여부

구분		그렇다	아니다	계	χ2 (df)	p
성별	남	6 (18.8)	26 (81.3)	32 (23.0)	0.43 (1)	0.512
	여	15 (14.0)	92 (86.0)	107 (77.0)		
연령	40대 이하	5 (9.8)	46 (90.2)	51 (36.7)	5.29 (3)	0.152
	50대	7 (29.2)	17 (70.8)	24 (17.3)		
	60대	4 (11.4)	31 (88.6)	35 (25.2)		
	70대 이상	5 (17.2)	24 (82.8)	29 (20.9)		
직분	목사/전도사	10 (30.3)	23 (69.7)	33 (23.7)	9.28* (2)	0.010
	권사/집사	7 (15.2)	39 (84.8)	46 (33.1)		
	평신도	4 (6.7)	56 (93.3)	60 (43.2)		
신앙 경력	10년 미만	1 (2.3)	43 (97.7)	44 (31.7)	9.46** (2)	0.009
	10-20년 미만	14 (18.9)	60 (81.1)	74 (53.2)		
	20년 이상	6 (28.6)	15 (71.4)	21 (15.1)		

구분		그렇다	아니다	계	χ2 (df)	p
교회 신도 수	50명 미만	6 (18.2)	27 (81.8)	33 (23.7)	0.36 (2)	0.837
	50-100명 미만	7 (14.9)	40 (85.1)	47 (33.8)		
	100명 이상	8 (13.6)	51 (86.4)	59 (42.4)		
계		21 (15.1)	118 (84.9)	139 (100.0)		

*p<.05, ** p<.01

② 교회 자립을 위한 농사짓기 필요성

그렇다면 교회 자립을 위한 농사짓기 필요성에 대해서는 어떻게 생각하고 있을까? 이에 대한 선교지 교회 신도들의 인식을 살펴본 결과는 〈표 14〉와 같이 5점 만점 중 전체 평균이 3.06으로, 선교지 교회 신도들은 교회의 자립을 위해 농사짓기가 그다지 필요하지 않다고 인식하는 것으로 나타났다.

〈표 14〉 교회 자립을 위한 농사짓기 필요성

구분		N	Mean	SD	t(F)	p
성별	남	32	2.88	1.10	-1.09	0.278
	여	107	3.11	1.08		
연령	40대 이하	51	2.80	0.96	2.19	0.092
	50대	24	3.42	1.10		
	60대	35	3.23	1.06		
	70대 이상	29	3.00	1.23		
직분	목사/전도사	33	3.39	1.17	2.59	0.079
	권사/집사	46	3.07	0.95		
	평신도	60	2.87	1.10		
신앙 경력	10년 미만	44	2.70	0.93	3.56*	0.031
	10-20년 미만	74	3.22	1.05		
	20년 이상	21	3.24	1.34		

교회 신도 수	50명 미만	33	3.42	0.97	11.42***	0.000
	50-100명 미만	47	2.49	1.02		
	100명 이상	59	3.31	1.02		
전체		139	3.06	1.08		

* p<.05, *** p<.001

그러나 신앙 경력이 많은 신도일수록 그리고 교회 신도가 비교적 적을수록 큰 교회보다 교회의 자립을 위해 농사짓기가 필요하다고 인식하고 있는 것을 보면 선교지 교회의 자립을 위한 방안으로 농사짓기는 여전히 유효한 것으로 사료된다.

③ 자립을 위한 농사짓기 여부

그러면 현재 선교지 교회에서 자립을 위해 농사짓기를 하고 있는지를 살펴본 결과는 〈표 15〉와 같다. 현재 우리 교회에서 자립을 위해 농사짓기를 하고 있지 않다고 인식하는 선교지 교회 신도가 95.7%로 대부분을 차지하였으며, 농사짓기를 하고 있다고 인식하는 신도는 4.3%로 매우 적은 것으로 나타났다. 그 4.3%는 목사 전도사나 권사 집사 등 직분이 높은 사람들이었다.

〈표 15〉 자립을 위한 농사짓기 여부

구분		그렇다	아니다	계	x^2(df)	p
성별	남	1 (3.1)	31 (96.9)	32 (23.0)	0.14 (1)	0.705
	여	5 (4.7)	102 (95.3)	107 (77.0)		
연령	40대 이하	1 (2.0)	50 (98.0)	51 (36.7)	5.75 (3)	0.124
	50대	2 (8.3)	22 (91.7)	24 (17.3)		
	60대	–	35 (100.0)	35 (25.2)		
	70대 이상	3 (10.3)	26 (89.7)	29 (20.9)		

직분	목사/전도사	4 (12.1)	29 (87.9)	33 (23.7)	7.57* (2)	0.023
	권사/집사	2 (4.3)	44 (95.7)	46 (33.1)		
	평신도	–	60 (100.0)	60 (43.2)		
신앙 경력	10년 미만	–	44 (100.0)	44 (31.7)	3.58 (2)	0.167
	10–20년 미만	4 (5.4)	70 (94.6)	74 (53.2)		
	20년 이상	2 (9.5)	19 (90.5)	21 (15.1)		
교회 신도 수	50명 미만	2 (6.1)	31 (93.9)	33 (23.7)	4.91 (2)	0.086
	50–100명 미만	4 (8.5)	43 (91.5)	47 (33.8)		
	100명 이상	–	59 (100.0)	59 (42.4)		
계		6 (4.3)	133 (95.7)	139 (100.0)		

* p<.05

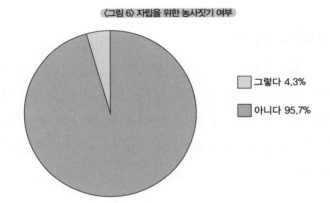

〈그림 6〉 자립을 위한 농사짓기 여부

그렇다 4.3%

아니다 95.7%

④ 교회 자립을 위한 기타 비즈니스 필요성

한편으로 교회 자립을 위한 기타 비즈니스 필요성에 대해 선교지 교회 신도들의 인식을 살펴본 결과는 〈표 16〉과 같이 5점 만점 중 전체 평균이 3.93으로, 선교지 교회 신도들은 교회의 자립을 위해 기타 비즈니스가 필요하다고 인식하는 것으로 나타났다.

〈표 16〉 교회 자립을 위한 기타 비즈니스 필요성

구분		N	Mean	SD	t(F)	p
성별	남	32	3.53	1.05	-2.80**	0.006
	여	107	4.05	0.87		
연령	40대 이하	51	3.69	1.05	2.72*	0.047
	50대	24	3.88	0.80		
	60대	35	4.03	0.95		
	70대 이상	29	4.28	0.70		
직분	목사/전도사	33	4.03	0.81	0.75	0.473
	권사/집사	46	4.00	0.97		
	평신도	60	3.82	0.98		
신앙 경력	10년 미만	44	3.82	1.08	0.88	0.417
	10-20년 미만	74	4.03	0.84		
	20년 이상	21	3.81	0.93		
교회 신도 수	50명 미만	33	3.82	1.01	2.90	0.058
	50-100명 미만	47	4.19	0.88		
	100명 이상	59	3.78	0.91		
전체		139	3.93	0.94		

* $p < .05$, ** $p < .01$

이상과 같이 선교지 교회 신도들은 교회의 자립을 위해 기타 비즈니스가 필요하다고 인식하였으며, 여자 신도와 연령이 많은 신도일수록 다른 신도보다 교회의 자립을 위해 기타 비즈니스가 필요하다고 인식하였다. 앞 설문의 농사 혹은 자영업과 비교해 보면 많은 교회의 신도들이 농사나 자영업 등 1, 2차 산업보다는 3차 산업에 해당하는 기타 비즈니스를 통해 교회 자립을 원하는 것으로 판단된다.

⑤ 자립을 위한 비즈니스 여부

그러면 현재 선교지 교회가 자립을 위해 기타 비즈니스를 하고 있는 지 살펴본 결과는 〈표 17〉과 같다. 그렇지 않다고 인식하는 선교지 교 회 신도가 97.1%로 대부분을 차지하였으며, 기타 비즈니스를 하고 있 다고 인식하는 신도는 2.9%로 매우 적은 것으로 나타났다.

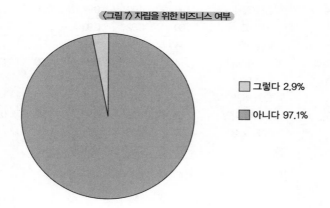

〈그림 7〉 자립을 위한 비즈니스 여부

▢ 그렇다 2.9%

▢ 아니다 97.1%

〈표 17〉 자립을 위한 비즈니스 여부

구분		그렇다	아니다	계	χ²(df)	p
성별	남	2 (6.3)	30 (93.8)	32 (23.0)	1.69 (1)	0.193
	여	2 (1.9)	105 (98.1)	107 (77.0)		
연령	40대 이하	–	51 (100.0)	51 (36.7)	2.70 (3)	0.441
	50대	1 (4.2)	23 (95.8)	24 (17.3)		
	60대	2 (5.7)	33 (94.3)	35 (25.2)		
	70대 이상	1 (3.4)	28 (96.6)	29 (20.9)		

직분	목사/전도사	2 (6.1)	31 (93.9)	33 (23.7)	1.59 (2)	0.451
	권사/집사	1 (2.2)	45 (97.8)	46 (33.1)		
	평신도	1 (1.7)	59 (98.3)	60 (43.2)		
신앙 경력	10년 미만	1 (2.3)	43 (97.7)	44 (31.7)	0.33 (2)	0.847
	10~20년 미만	2 (2.7)	72 (97.3)	74 (53.2)		
	20년 이상	1 (4.8)	20 (95.2)	21 (15.1)		
교회 신도 수	50명 미만	1 (3.0)	32 (97.0)	33 (23.7)	2.42 (2)	0.298
	50~100명 미만	–	47 (100.0)	47 (33.8)		
	100명 이상	3 (5.1)	56 (94.9)	59 (42.4)		
계		4 (2.9)	135 (97.1)	139 (100.0)		

⑥ 교회가 자립하기 위해 필요한 점

선교지 교회 신도들은 교회가 자립하기 위해 무엇이 가장 필요하다고 생각하고 있을까? 그 결과는 〈표 18〉과 같다. 이들은 교회가 자립하기 위해 가장 먼저 교회 신도 수가 늘어야 한다고 생각하고 있었다. 응답자 수는 46.8%에 이르렀다. 다음으로 신앙을 성장시키기 위한 프로그램 25.9%, 기타 10.8%, 목회자(전도사)의 비전 8.6%, 후원 교회의 지지 7.9% 순으로 나타났다. 이를 통해 알 수 있는 점은 선교지 교회가 자립하기 위해 필요한 것은 목회자가 하나님의 비전을 품고 신앙 성장을 위한 프로그램을 진행하며 이를 통해 교회가 부흥해야 한다고 생각할 수 있다. 거기에 후원 교회의 지지는 별로 중요하지 않은 것으로 나타났다.

자립선교 할 수 있다

〈표 18〉 교회가 자립하기 위해 필요한 점

구분		교회 신도 수	신앙 성장을 위한 프로그램	목회자의 비전	후원 교회 지지도	기타	계	χ^2(df)	p
성별	남	14 (43.8)	7 (21.9)	6 (18.8)	1 (3.1)	4 (12.5)	32 (23.0)	6.59 (4)	0.159
	여	51 (47.7)	29 (27.1)	6 (5.6)	10 (9.3)	11 (10.3)	107 (77.0)		
연령	40대 이하	21 (41.2)	14 (27.5)	7 (13.7)	3 (5.9)	6 (11.8)	51 (36.7)	13.41 (12)	0.340
	50대	12 (50.0)	5 (20.8)	2 (8.3)	–	5 (20.8)	24 (17.3)		
	60대	16 (45.7)	12 (34.3)	1 (2.9)	4 (11.4)	2 (5.7)	35 (25.2)		
	70대 이상	16 (55.2)	5 (17.2)	2 (6.9)	4 (13.8)	2 (6.9)	29 (20.9)		
직분	목사/ 전도사	11 (33.3)	9 (27.3)	3 (9.1)	4 (12.1)	6 (18.2)	33 (23.7)	7.28 (8)	0.507
	권사/집사	23 (50.0)	14 (30.4)	2 (4.3)	3 (6.5)	4 (8.7)	46 (33.1)		
	평신도	31 (51.7)	13 (21.7)	7 (11.7)	4 (6.7)	5 (8.3)	60 (43.2)		
신앙 경력	10년 미만	23 (52.3)	8 (18.2)	4 (9.1)	3 (6.8)	6 (13.6)	44 (31.7)	8.43 (8)	0.393
	10~20년 미만	35 (47.3)	19 (25.7)	8 (10.8)	5 (6.8)	7 (9.5)	74 (53.2)		
	20년 이상	7 (33.3)	9 (42.9)	–	3 (14.3)	2 (9.5)	21 (15.1)		
교회 신도 수	50명 미만	15 (45.5)	7 (21.2)	3 (9.1)	3 (9.1)	5 (15.2)	33 (23.7)	13.23 (8)	0.104
	50~100명 미만	30 (63.8)	7 (14.9)	2 (4.3)	4 (8.5)	4 (8.5)	47 (33.8)		
	100명 이상	20 (33.9)	22 (37.3)	7 (11.9)	4 (6.8)	6 (10.2)	59 (42.4)		
계		65(46.8)	36 (25.9)	12 (8.6)	11 (7.9)	15 (10.8)	139(100.0)		

〈그림 8〉 교회가 자립하기 위해 필요한 점

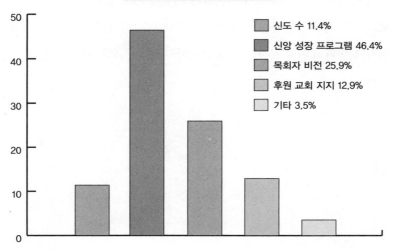

신도 수 11.4%
신앙 성장 프로그램 46.4%
목회자 비전 25.9%
후원 교회 지지 12.9%
기타 3.5%

2) 후원 교회 신도의 인식

(a) 선교지 교회 자립을 위한 후원 실태와 인식

① 선교지의 후원 교회 개수

선교지에 후원하는 교회 수에 대해 후원 교회 신도들의 인식을 살펴본
결과는 〈표 19〉와 같이 선교지에 10개 처 이상의 교회를 후원하고 있다
고 인식하는 신도가 62.5%로 가장 많았으며, 다음으로 4-5개 처 14.5%,
6-9개 처 10.4%, 2-3개 처 9.8%, 1개 처 2.8% 순으로 나타났다.

〈표 19〉 선교지의 후원 교회 개수

구분		1개 처	2-3개 처	4-5개 처	6-9개 처	10개 처 이상	계	χ^2 (df)	p
성별	남	10 (3.2)	41 (13.3)	41 (13.3)	33 (10.7)	183 (59.4)	308 (48.6)	9.53* (4)	0.049
	여	8 (2.5)	21 (6.4)	51 (15.6)	33 (10.1)	213 (65.3)	326 (51.4)		
연령	30대	4 (4.0)	6 (5.9)	12 (11.9)	13 (12.9)	66 (65.3)	101 (15.9)	19.89 (12)	0.069
	40대	3 (1.8)	14 (8.3)	21 (12.5)	12 (7.1)	118 (70.2)	168 (26.5)		
	50대	4 (2.0)	22 (11.1)	24 (12.1)	23 (11.6)	126 (63.3)	199 (31.4)		
	60대 이상	7 (4.2)	20 (12.0)	35 (21.1)	18 (10.8)	86 (51.8)	166 (26.2)		
직분	목사/전도사	6 (6.3)	9 (9.4)	16 (16.7)	7 (7.3)	58 (60.4)	96 (15.1)	31.27** (12)	0.002
	권사	2 (1.7)	6 (5.0)	26 (21.7)	9 (7.5)	77 (64.2)	120 (18.9)		
	집사	5 (1.6)	31 (10.1)	39 (12.7)	29 (9.5)	202 (66.0)	306 (48.3)		
	평신도	5 (4.5)	16 (14.3)	11 (9.8)	21 (18.8)	59 (52.7)	112 (17.7)		
신앙 경력	모태신앙	4 (2.6)	12 (7.9)	24 (15.8)	20 (13.2)	92 (60.5)	152 (24.0)	19.13 (16)	0.262
	1-10년 미만	4 (7.5)	6 (11.3)	5 (9.4)	5 (9.4)	33 (62.3)	53 (8.4)		
	10-20년 미만	1 (1.3)	14 (18.4)	13 (17.1)	5 (6.6)	43 (56.6)	76 (12.0)		
	20-30년 미만	2 (1.6)	13 (10.3)	20 (15.9)	10 (7.9)	81 (64.3)	126 (19.9)		
	30년 이상	7 (3.1)	17 (7.5)	30 (13.2)	26 (11.5)	147 (64.8)	227 (35.8)		

교회 신도 수	500명 미만	6 (9.0)	10 (14.9)	28 (41.8)	9 (13.4)	14 (20.9)	67 (10.6)		
	500- 1000명 미만	3 (2.4)	17 (13.5)	33 (26.2)	17 (13.5)	56 (44.4)	126 (19.9)	115.10*** (8)	0.000
	1000명 이상	9 (2.0)	35 (7.9)	31 (7.0)	40 (9.1)	326 (73.9)	441 (69.6)		
계		18 (2.8)	62 (9.8)	92 (14.5)	66 (10.4)	396 (62.5)	634 (100.0)		

* p<.05, ** p<.01, *** p<.001

이상과 같이 선교지에 10개 처 이상의 교회를 후원하고 있다고 인식하는 후원 교회의 신도가 가장 많았으며, 여자 신도와 직분이 집사인 신도 그리고 교회 신도가 많은 신도일수록 다른 신도보다 선교지에 10개 처 이상의 교회를 후원하고 있다고 인식하였다.

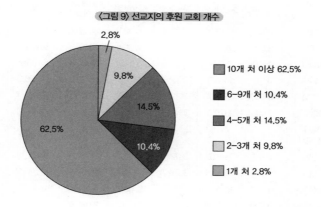

〈그림 9〉 선교지의 후원 교회 개수

2.8%
9.8%
14.5%
62.5%
10.4%

10개 처 이상 62.5%
6-9개 처 10.4%
4-5개 처 14.5%
2-3개 처 9.8%
1개 처 2.8%

② 선교지 교회의 자립 필요성

선교지 교회의 자립 필요성에 대해 후원 교회 신도들의 인식을 살펴본 결과는 〈표 20〉과 같이 5점 만점 중 전체 평균이 4.07로, 후원 교회 신도들은 선교지 교회의 자립이 필요하다고 인식하는 것으로 나타났다.

특히 남자 신도와 목사 및 전도사가 다른 신도보다 선교지 교회의 자립이 필요하다고 인식하고 있어 선교지 교회를 후원하고 있지만 지속적으로 후원하기보다는 후원한 교회가 자립하기를 바라고 있는 것으로 나타났다.

〈표 20〉 선교지 교회의 자립 필요성

구분		N	Mean	SD	t(F)	p
성별	남	308	4.21	0.78	4.02***	0.000
	여	326	3.94	0.91		
연령	30대	101	3.99	0.89	0.63	0.599
	40대	168	4.10	0.84		
	50대	199	4.11	0.81		
	60대 이상	166	4.03	0.93		
직분	목사/전도사	96	4.36	0.67	5.15**	0.002
	권사	120	4.04	0.89		
	집사	306	4.04	0.87		
	평신도	112	3.92	0.91		
신앙 경력	모태신앙	152	4.06	0.82	1.46	0.212
	1-10년 미만	53	3.81	0.96		
	10-20년 미만	76	4.07	0.85		
	20-30년 미만	126	4.08	0.88		
	30년 이상	227	4.13	0.85		
교회 신도 수	500명 미만	67	4.01	0.75	0.23	0.792
	500-1000명 미만	126	4.10	0.83		
	1000명 이상	441	4.07	0.89		
전체		634	4.07	0.86		

** p<.01, *** p<.001

③ 선교지 교회의 자립 희망 정도

후원 교회 신도들의 선교지 교회의 자립 희망 정도에 대해 살펴본 결과는 〈표 21〉과 같이 5점 만점 중 전체 평균이 4.12로, 후원 교회 신도들은 선교지 교회가 자립을 원한다고 인식하는 것으로 나타났다. 특별히 여자보다는 남자 신도들이 선교지 교회가 비교적 자립을 희망하고 있는 것으로 인식하고 있었고, 신앙 경력이 30년 이상인 신도들의 많은 숫자가 자립을 원한다고 인식하고 있었다.

〈표 21〉 선교지 교회의 자립 희망 정도

구분		N	Mean	SD	t(F)	p
성별	남	308	4.24	0.75	3.71***	0.000
	여	326	4.01	0.82		
연령	30대	101	4.02	0.82	2.23	0.084
	40대	168	4.05	0.77		
	50대	199	4.14	0.82		
	60대 이상	166	4.23	0.75		
직분	목사/전도사	96	4.25	0.81	1.68	0.171
	권사	120	4.18	0.81		
	집사	306	4.09	0.78		
	평신도	112	4.03	0.80		
신앙 경력	모태신앙	152	4.09	0.73	6.38***	0.000
	1~10년 미만	53	3.70	0.97		
	10~20년 미만	76	4.14	0.76		
	20~30년 미만	126	4.06	0.86		
	30년 이상	227	4.27	0.72		
교회 신도 수	500명 미만	67	4.01	0.77	2.25	0.106
	500~1000명 미만	126	4.02	0.91		
	1000명 이상	441	4.17	0.76		
전체		634	4.12	0.79		

*** p<.001

④ 선교지 교회의 적당한 후원 기간

선교지 교회의 적당한 후원 기간에 대해 후원 교회 신도들의 인식을 살펴본 결과는 〈표 22〉와 같다. 선교지 교회의 후원 기간은 5년이 적당하다고 인식하는 신도가 33.4%로 가장 많았으며, 다음으로 10년 30.8%, 3년 12.6%, 종말까지 12.0%, 15년 4.7% 순으로 나타났다. 앞에서 살펴본 선교지 교회의 동일한 설문과 비슷한 결과다. 다만 선교지 교회는 후원 기간 5년의 백분율이 30.8%, 10년이 23.1%(합계 53.9%)였던 것에 비해 약간의 차이가 있다. 오히려 후원 교회의 적당한 후원 기간 인식이 10년에 더 치우쳐 있는 것을 보게 된다. 다시 말해 후원 교회나 선교지 교회나 모두 적당한 후원 기간은 5년에서 10년 사이라고 인식하고 있는 것을 보여 준다.

<표 22> 선교지 교회의 적당한 후원 기간

구분		3년	5년	10년	15년	20년	30년	30년이상	계	x^2(df)	p
성별	남	32(10.4)	93(30.2)	105(34.1)	19(6.2)	9(2.9)	12(3.9)	38(12.3)	308(48.6)	9.41(6)	0.152
	여	48(14.7)	119(36.5)	90(27.6)	11(3.4)	10(3.1)	10(3.1)	38(11.7)	326(51.4)		
연령	30대	12(11.9)	28(27.7)	34(33.7)	6(5.9)	4(4.0)	3(3.0)	14(13.9)	101(15.9)	14.63(18)	0.687
	40대	19(11.3)	60(35.7)	52(31.0)	9(5.4)	7(4.2)	5(3.0)	16(9.5)	168(26.5)		
	50대	22(11.1)	64(32.2)	67(33.7)	5(2.5)	4(2.0)	8(4.0)	29(14.6)	199(31.4)		
	60대 이상	27(16.3)	60(36.1)	42(25.3)	10(6.0)	4(2.4)	6(3.6)	17(10.2)	166(26.2)		
직분	목사/전도사	11(11.5)	24(25.0)	36(37.5)	6(6.3)	6(6.3)	6(6.3)	7(7.3)	96(15.1)	29.94*(18)	0.038
	권사	21(17.5)	50(41.7)	30(25.0)	3(2.5)	1(0.8)	4(3.3)	11(9.2)	120(18.9)		
	집사	36(11.8)	104(34.0)	93(30.4)	12(3.9)	7(2.3)	11(3.6)	43(14.1)	306(48.3)		
	평신도	12(10.7)	34(30.4)	36(32.1)	9(8.0)	5(4.5)	1(0.9)	15(13.4)	112(17.7)		

		3년	5년	10년	15년	20년	30년	종말까지	계	χ²(df)	p
신앙 경력	모태 신앙	19(12.5)	51(33.6)	47(30.9)	8(5.3)	5(3.3)	1(0.7)	21(13.8)	152(24.0)	24.42(24)	0.438
	1~10년 미만	9(17.0)	17(32.1)	12(22.6)	4(7.5)	3(5.7)	–	8(15.1)	53(8.4)		
	10~20년 미만	10(13.2)	19(25.0)	28(36.8)	4(5.3)	2(2.6)	3(3.9)	10(13.2)	76(12.0)		
	20~30년 미만	14(11.1)	39(31.0)	41(32.5)	4(3.2)	3(2.4)	10(7.9)	15(11.9)	126(19.9)		
	30년 이상	28(12.3)	86(37.9)	67(29.5)	10(4.4)	6(2.6)	8(3.5)	22(9.7)	227(35.8)		
교회 신도 수	500명 미만	4(6.0)	23(34.3)	22(32.8)	6(9.0)	5(7.5)	2(3.0)	5(7.5)	67(10.6)	13.41(12)	0.340
	5백~천명 미만	14(11.1)	45(35.7)	41(32.5)	5(4.0)	3(2.4)	4(3.2)	14(11.1)	126(19.9)		
	1000명 이상	62(14.1)	144(32.7)	132(29.9)	19(4.3)	11(2.5)	16(3.6)	57(12.9)	441(69.6)		
계		80(12.6)	212(33.4)	195(30.8)	30(4.7)	19(3.0)	22(3.5)	76(12.0)	634(100.0)		

* p<.05

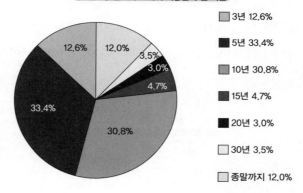

〈그림 10〉 선교지 교회의 적당한 후원 기간

- 3년 12.6%
- 5년 33.4%
- 10년 30.8%
- 15년 4.7%
- 20년 3.0%
- 30년 3.5%
- 종말까지 12.0%

⑤ 선교지 교회의 자립 위한 활동

후원 교회에서 선교지 교회의 자립을 위해 하고 있는 활동에 대해 살펴본 결과는 〈표 23〉과 같다.

〈표 23〉에서 보는 바와 같이 선교지 교회의 자립을 위해 후원 교회가 선교지 지원을 하고 있다고 인식하는 신도가 51.2%로 가장 많았으며, 다음으로 기타 13.7%, 신앙 성장 프로그램 제공 11.1%, 아동 및 청소

년 학습 지도 9.1%, 농사짓기 지도 7.6%, 선교원 운영 7.3% 순으로 나타났다. 따라서 후원 교회에서는 선교지 교회의 자립을 위해 선교지 지원을 가장 많이 하고 있음을 알 수 있다.

〈표 23〉 선교지 교회의 자립 위한 활동

구분	빈도(명)	백분율(%)
선교원 운영	55	7.3
농사짓기 지도	57	7.6
신앙 성장 프로그램 제공	83	11.1
아동 및 청소년 학습 지도	68	9.1
선교지 지원	384	51.2
기타	103	13.7
계	750	100.0

〈그림 11〉 선교지 교회의 자립 위한 활동

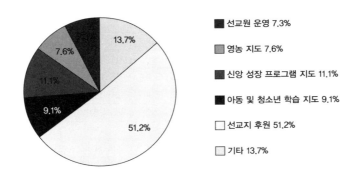

■ 선교원 운영 7.3%

■ 영농 지도 7.6%

■ 신앙 성장 프로그램 지도 11.1%

■ 아동 및 청소년 학습 지도 9.1%

□ 선교지 후원 51.2%

□ 기타 13.7%

⑥ 후원 선교지 교회에서의 자립 위한 농사짓기 여부

후원하고 있는 선교지 교회에서 현재 자립을 위해 농사짓기를 하고 있는지 살펴본 결과는 〈표 24〉와 같이 후원하고 있는 선교지 교회에서 현재 자립을 위해 농사짓기를 하고 있지 않다고 인식하는 신도가 78.2%로 대부분을 차지하였으며, 농사짓기를 하고 있다고 인식하는 신도는 21.8%로 그다지 많지 않은 것으로 나타났다.

〈표 24〉 후원 선교지 교회에서의 자립 위한 농사짓기 여부

구분		그렇다	아니다	계	x2 (df)	p
성별	남	74 (24.0)	234 (76.0)	308 (48.6)	1.80 (1)	0.180
	여	64 (19.6)	262 (80.4)	326 (51.4)		
연령	30대	26 (25.7)	75 (74.3)	101 (15.9)	3.56 (3)	0.313
	40대	38 (22.6)	130 (77.4)	168 (26.5)		
	50대	46 (23.1)	153 (76.9)	199 (31.4)		
	60대 이상	28 (16.9)	138 (83.1)	166 (26.2)		
직분	목사/전도사	31 (32.3)	65 (67.7)	96 (15.1)	9.21(3)*	0.027
	권사	22 (18.3)	98 (81.7)	120 (18.9)		
	집사	67 (21.9)	239 (78.1)	306 (48.3)		
	평신도	18 (16.1)	94 (83.9)	112 (17.7)		
신앙 경력	모태신앙	41 (27.0)	111 (73.0)	152 (24.0)	4.99 (4)	0.289
	1–10년 미만	13 (24.5)	40 (75.5)	53 (8.4)		
	10–20년 미만	16 (21.1)	60 (78.9)	76 (12.0)		
	20–30년 미만	28 (22.2)	98 (77.8)	126 (19.9)		
	30년 이상	40 (17.6)	187 (82.4)	227 (35.8)		
교회 신도 수	500명 미만	16 (23.9)	51 (76.1)	67 (10.6)	8.99 (2)*	0.011
	500–1000명 미만	15 (11.9)	111 (88.1)	126 (19.9)		
	1000명 이상	107 (24.3)	334 (75.7)	441 (69.6)		
계		138 (21.8)	496 (78.2)	634 (100.0)		

* p<.05

단지 목사 및 전도사와 교회 신도가 1,000명 이상인 신도가 다른 신

도보다 후원하고 있는 선교지 교회에서 현재 자립을 위해 농사짓기를 하고 있다고 인식하고 있는 것으로 나타나 이에 대한 홍보와 교육이 필요해 보였다.

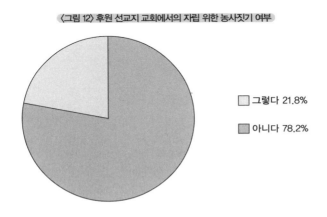

〈그림 12〉 후원 선교지 교회에서의 자립 위한 농사짓기 여부

☐ 그렇다 21.8%
☐ 아니다 78.2%

⑨ 후원 선교지 교회에서의 자립 위한 비즈니스 여부

후원하고 있는 선교지 교회에서 현재 자립을 위해 기타 비즈니스를 하고 있는지 살펴본 결과는 〈표 25〉와 같이 후원하고 있는 선교지 교회에서 현재 자립을 위해 기타 비즈니스를 하고 있지 않다고 인식하는 후원 교회 신도가 63.9%로 기타 비즈니스를 하고 있다고 인식하는 신도 36.1%보다 많은 것으로 나타났다. 이 설문을 앞의 설문과 비교해 볼 때 오히려 후원 교회의 일반 신도들은 선교지 교회가 자립을 위해 농사짓기보다는 기타 비즈니스를 하고 있다고 생각하는 경향을 보였다.

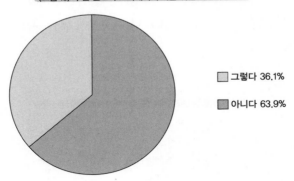

〈그림 13〉 후원 선교지 교회에서의 자립 위한 비즈니스 여부

그렇다 36.1%

아니다 63.9%

〈표 25〉 후원 선교지 교회에서의 자립 위한 비즈니스 여부

구분		그렇다	아니다	계	χ2 (df)	p
성별	남	115 (37.3)	193 (62.7)	308 (48.6)	0.39 (1)	0.535
	여	114 (35.0)	212 (65.0)	326 (51.4)		
연령	30대	31 (30.7)	70 (69.3)	101 (15.9)	2.80 (3)	0.424
	40대	58 (34.5)	110 (65.5)	168 (26.5)		
	50대	73 (36.7)	126 (63.3)	199 (31.4)		
	60대 이상	67 (40.4)	99 (59.6)	166 (26.2)		
직분	목사/전도사	31 (32.3)	65 (67.7)	96 (15.1)	1.53 (3)	0.675
	권사	40 (33.3)	80 (66.7)	120 (18.9)		
	집사	116 (37.9)	190 (62.1)	306 (48.3)		
	평신도	42 (37.5)	70 (62.5)	112 (17.7)		
신앙 경력	모태신앙	55 (36.2)	97 (63.8)	152 (24.0)	1.14 (4)	0.889
	1–10년 미만	16 (30.2)	37 (69.8)	53 (8.4)		
	10–20년 미만	27 (35.5)	49 (64.5)	76 (12.0)		
	20–30년 미만	45 (35.7)	81 (64.3)	126 (19.9)		
	30년 이상	86 (37.9)	141 (62.1)	227 (35.8)		
교회 신도 수	500명 미만	19 (28.4)	48 (71.6)	67 (10.6)	3.92 (2)	0.141
	500–1000명 미만	40 (31.7)	86 (68.3)	126 (19.9)		
	1000명 이상	170 (38.5)	271 (61.5)	441 (69.6)		
계		229 (36.1)	405 (63.9)	634 (100.0)		

(b) 선교지 교회의 자립 방안

① 선교지 교회 자립을 위한 농사짓기 필요성

선교지 교회 자립을 위한 농사짓기 필요성에 대해 후원 교회의 신도들의 인식을 살펴본 결과는 〈표 26〉과 같이 5점 만점 중 전체 평균이 3.63으로, 후원 교회의 신도들은 선교지 교회 자립을 위해 농사짓기가 필요하다고 인식하는 것으로 나타났으며 50대 신도가 다른 연령대 신도보다 선교지 교회 자립을 위해 농사짓기가 필요하다고 인식하였다.

〈표 26〉 선교지 교회 자립을 위한 농사짓기 필요성

구분		N	Mean	SD	t(F)	p
성별	남	308	3.59	0.93	−0.92	0.358
	여	326	3.66	0.95		
연령	30대	101	3.46	0.84	3.17*	0.024
	40대	168	3.53	0.94		
	50대	199	3.76	0.96		
	60대 이상	166	3.67	0.95		
직분	목사/전도사	96	3.57	0.95	0.88	0.449
	권사	120	3.75	0.99		
	집사	306	3.60	0.92		
	평신도	112	3.61	0.92		
신앙 경력	모태신앙	152	3.53	0.88	1.00	0.408
	1-10년 미만	53	3.53	1.05		
	10-20년 미만	76	3.70	0.86		
	20-30년 미만	126	3.62	0.94		
	30년 이상	227	3.70	0.98		
교회 신도 수	500명 미만	67	3.76	0.82	0.77	0.462
	500-1000명 미만	126	3.61	0.91		
	1000명 이상	441	3.61	0.96		
전체		634	3.63	0.94		

* $p < .05$

② 선교지 교회 자립을 위한 기타 비즈니스 필요성

선교지 교회 자립을 위한 기타 비즈니스 필요성에 대해 후원 교회의 신도들의 인식을 살펴본 결과는 〈표 27〉과 같이 5점 만점 중 전체 평균이 3.73으로, 후원 교회의 신도들은 선교지 교회 자립을 위해 기타 비즈니스가 필요하다고 인식하는 것으로 나타났다. 이 수치는 농사짓기 필요성보다 약간(0.1) 높은 수치다.

〈표 27〉 선교지 교회 자립을 위한 기타 비즈니스 필요성

구분		N	Mean	SD	t(F)	p
성별	남	308	3.68	1.03	-1.28	0.202
	여	326	3.78	0.88		
연령	30대	101	3.56	0.89	2.18	0.089
	40대	168	3.68	1.00		
	50대	199	3.85	0.97		
	60대 이상	166	3.73	0.92		
직분	목사/전도사	96	3.61	0.91	1.48	0.220
	권사	120	3.88	0.89		
	집사	306	3.70	1.00		
	평신도	112	3.74	0.96		
신앙 경력	모태신앙	152	3.61	0.86	1.41	0.231
	1~10년 미만	53	3.57	1.15		
	10~20년 미만	76	3.78	0.92		
	20~30년 미만	126	3.80	0.99		
	30년 이상	227	3.79	0.96		
교회 신도 수	500명 미만	67	3.79	0.93	1.27	0.282
	500~1000명 미만	126	3.83	0.77		
	1000명 이상	441	3.69	1.01		
전체		634	3.73	0.96		

③ 선교지 교회 자립을 위한 후원 교회의 적극적인 후원에 대한 찬성 정도

선교지 교회 자립을 위한 후원 교회의 적극적인 후원에 대한 찬성 정도에 대해 후원 교회의 신도들의 인식을 살펴본 결과는 〈표 28〉과 같이 5점 만점 중 전체 평균이 4.20으로, 후원 교회의 신도들은 대부분이 선교지 교회 자립을 위한 후원 교회의 적극적인 후원에 대해 찬성하는 것으로 나타났다. 그리고 여자보다는 남자 신도들이, 50대인 신도 그리고 신앙 경력이 30년 이상인 신도가 다른 신도보다 선교지 교회 자립을 위한 후원 교회의 적극적인 후원에 대해 찬성하였다.

〈표 28〉 선교지 교회 자립을 위한 후원 교회의 적극적인 후원에 대한 찬성 정도

구분		N	Mean	SD	t(F)	p
성별	남	308	4.28	0.57	3.06**	0.002
	여	326	4.13	0.64		
연령	30대	101	4.09	0.71	3.20*	0.023
	40대	168	4.21	0.55		
	50대	199	4.30	0.60		
	60대 이상	166	4.15	0.60		
직분	목사/전도사	96	4.24	0.59	0.56	0.639
	권사	120	4.18	0.67		
	집사	306	4.22	0.60		
	평신도	112	4.15	0.57		
신앙 경력	모태신앙	152	4.12	0.53	3.62**	0.006
	1-10년 미만	53	4.02	0.80		
	10-20년 미만	76	4.14	0.58		
	20-30년 미만	126	4.27	0.59		
	30년 이상	227	4.29	0.62		
교회 신도 수	500명 미만	67	4.13	0.58	0.67	0.514
	500-1000명 미만	126	4.18	0.61		
	1000명 이상	441	4.22	0.61		
전체		634	4.20	0.61		

* p<.05, ** p<.01

④ 선교지 교회 자립을 위해 필요한 점

그렇다면 선교지 교회 자립을 위해 필요한 점에 대해 후원 교회 신도들은 어떻게 생각하고 있을까? 그 결과는 〈표 29〉와 같다. 선교지 교회의 같은 질문과는 약간 다른 결과가 나와 흥미롭다. 자립을 위해 신앙을 성장시키기 위한 프로그램이 필요하다고 인식하는 신도가 46.4%로 가장 많았으며, 다음으로 목회자(전도사)의 비전 25.9%, 후원 교회의 지지 12.9%, 교회 신도 수 11.4%, 기타 3.5% 순으로 나타났다.

선교지 교회는 교회 신도 수가 가장 필요하다고 생각하고 있는 반면에 후원 교회는 신도 수가 중요한 것이 아니라 신앙 성장 프로그램이 가장 필요하며, 이를 진행하기 위해 좋은 목회자와 그의 비전 여부가 중요하다고 본 것이다. 거기에 더해 후원 교회의 지지는 꼭 필요한 요소이기는 하나 중요한 요소는 아니었다.

〈표 29〉 선교지 교회 자립을 위해 필요한 점

구분		신도 수	신앙 성장 프로그램	목회자의 비전	후원 교회의 지지	기타	계	X^2 (df)	p
성별	남	38 (12.3)	125 (40.6)	95 (30.8)	40 (13.0)	10 (3.2)	308 (48.6)	10.66* (4)	0.031
	여	34 (10.4)	169 (51.8)	69 (21.2)	42 (12.9)	12 (3.7)	326 (51.4)		
연령	30대	8 (7.9)	38 (37.6)	27 (26.7)	21 (20.8)	7 (6.9)	101 (15.9)	17.84 (12)	0.121
	40대	19 (11.3)	84 (50.0)	41 (24.4)	21 (12.5)	3 (1.8)	168 (26.5)		
	50대	23 (11.6)	96 (48.2)	56 (28.1)	20 (10.1)	4 (2.0)	199 (31.4)		
	60대 이상	22 (13.3)	76 (45.8)	40 (24.1)	20 (12.0)	8 (4.8)	166 (26.2)		
직분	목사/전도사	12 (12.5)	31 (32.3)	34 (35.4)	13 (13.5)	6 (6.3)	96 (15.1)	21.75* (12)	0.040
	권사	14 (11.7)	59 (49.2)	28 (23.3)	14 (11.7)	5 (4.2)	120 (18.9)		
	집사	29 (9.5)	160 (52.3)	74 (24.2)	34 (11.1)	9 (2.9)	306 (48.3)		
	평신도	17 (15.2)	44 (39.3)	28 (25.0)	21 (18.8)	2 (1.8)	112 (17.7)		

신앙 경력	모태신앙	20 (13.2)	74 (48.7)	34 (22.4)	18 (11.8)	6 (3.9)	152 (24.0)	
	1-10년 미만	9 (17.0)	23 (43.4)	9 (17.0)	7 (13.2)	5 (9.4)	53 (8.4)	
	10-20년 미만	6 (7.9)	41 (53.9)	21 (27.6)	5 (6.6)	3 (3.9)	76 (12.0)	26.78* (16)　0.044
	20-30년 미만	11 (8.7)	64 (50.8)	29 (23.0)	22 (17.5)	–	126 (19.9)	
	30년이상	26 (11.5)	92 (40.5)	71 (31.3)	30 (13.2)	8 (3.5)	227 (35.8)	
교회 신도 수	500명 미만	9 (13.4)	34 (50.7)	14 (20.9)	8 (11.9)	2 (3.0)	67 (10.6)	
	500-1000명 미만	16 (12.7)	67 (53.2)	27 (21.4)	13 (10.3)	3 (2.4)	126 (19.9)	6.78 (8)　0.561
	1000명이상	47 (10.7)	193 (43.8)	123 (27.9)	61 (13.8)	17 (3.9)	441 (69.6)	
계		72 (11.4)	294 (46.4)	164 (25.9)	82 (12.9)	22 (3.5)	634 (100.0)	

* p<.05

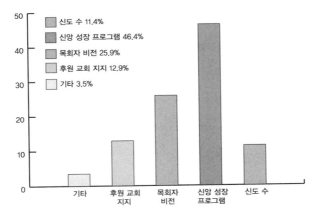

〈그림 14〉 선교지 교회 자립을 위해 필요한 점

신도 수 11.4%
신앙 성장 프로그램 46.4%
목회자 비전 25.9%
후원 교회 지지 12.9%
기타 3.5%

3) 선교지 교회 신도와 후원 교회 신도 인식 비교

(a) 선교지 교회 자립에 대한 선교지 교회 신도와 후원 교회 신도의 인식

① 교회의 자립 필요성에 대한 선교지 교회 신도와 후원 교회 신도의 인식

선교지 교회의 자립 필요성에 대해 선교지 교회의 신도와 후원 교회 신도들의 인식을 살펴본 결과는 〈표 30〉과 같다.

〈표 30〉에서 보는 바와 같이 후원 교회 신도가 선교지 교회 신도보다 선교지 교회의 자립이 필요하다고 인식하였으며, 통계적으로도 유의미한 차이를 보였다($t=-2.05$, $p<.05$). 따라서 후원 교회 신도가 선교지 교회 신도보다 선교지 교회의 자립이 필요하다고 인식하고 있음을 알 수 있다.

〈표 30〉 교회의 자립 필요성에 대한 선교지 교회 신도와 후원 교회 신도의 인식

구분	N	Mean	SD	t	p
선교지 교회	139	3.90	0.94	−2.05*	0.040
후원 교회	634	4.07	0.86		
전체	773	4.04	0.88		

* $p<.05$

② 교회 자립 선호 정도에 대한 선교지 교회 신도와 후원 교회 신도의 인식

선교지 교회의 자립에 대한 선교지 교회 신도와 후원 교회 신도들의 희망 정도에 대해 살펴본 결과는 〈표 31〉과 같다.

〈표 31〉 교회 자립 선호 정도에 대한 선교지 교회 신도와 후원 교회 신도의 인식

구분	N	Mean	SD	t	p
선교지 교회	139	4.27	0.90	1.84	0.067
후원 교회	634	4.12	0.79		
전체	773	4.15	0.81		

〈표 31〉에서 보는 바와 같이 선교지 교회의 신도가 후원 교회의 신도보다 교회의 자립을 더 원하였으나 통계적으로는 유의미한 차이를 보이지 않았다. 따라서 선교지 교회 신도와 후원 교회 신도 모두 별다른 차이 없이 교회의 자립을 원하고 있음을 알 수 있다.

③ 후원 교회로부터의 적정한 후원 기간에 대한 선교지 교회 신도와 후원 교회 신도의 인식

후원 교회로부터의 적정한 후원 기간에 대해 선교지 교회 신도와 후원 교회 신도들의 인식을 살펴본 결과는 〈표 32〉와 같다.

〈표 32〉에서 보는 바와 같이 선교지 교회 신도가 후원 교회 신도보다 후원 교회로부터 후원 기간은 16년 이상이 적정하다고 인식하는 반면에 후원 교회 신도는 선교지 교회 신도보다 5년이 적당하다고 인식하였으나 통계적으로는 유의미한 차이를 보이지 않았다. 따라서 선교지 교회 신도와 후원 교회 신도 모두 별다른 차이 없이 후원 교회로부터 후원 기간은 5년이 가장 적당하다고 인식하고 있음을 알 수 있다.

〈표 32〉 후원 교회로부터의 적정한 후원 기간에 대한 선교지 교회 신도와 후원 교회 신도의 인식

구분	3년	5년	10년	15년	16년 이상	계	x2(df)	p
선교지 교회	6 (11.5)	16 (30.8)	12 (23.1)	3 (5.8)	15 (28.8)	52 (7.6)	3.89(4)	0.421
후원 교회	80 (12.6)	212 (33.4)	195 (30.8)	30 (4.7)	117 (18.5)	634 (82.0)		
계	86 (12.5)	228 (33.2)	207 (30.2)	33 (4.8)	132 (19.2)	686 (100.0)		

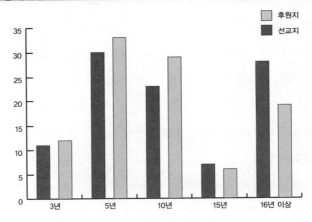

〈그림 15〉 후원 교회로부터의 적정한 후원 기간에 대한 선교지 교회 신도와 후원 교회 신도의 인식

(b) 선교지 교회 자립 방안에 대한 선교지 교회 신도와 후원 교회 신도의 인식

① 선교지 교회 자립을 위한 농사짓기 필요성에 대한 선교지 교회 신도와 후원 교회 신도의 인식

선교지 교회 자립을 위한 농사짓기 필요성에 대해 선교지 교회 신도와 후원 교회 신도들의 인식을 살펴본 결과는 〈표 33〉과 같다.

〈표 33〉 선교지 교회 자립을 위한 농사짓기 필요성에 대한 선교지 교회 신도와 후원 교회 신도의 인식

구분	N	Mean	SD	t	p
선교지 교회	139	3.06	1.08	-6.28***	0.000
후원 교회	634	3.63	0.94		
전체	773	3.52	0.99		

*** p<.001

〈표 33〉에서 보는 바와 같이 후원 교회 신도가 선교지 교회 신도보다 선교지 교회 자립을 위해 농사짓기가 필요하다고 인식하였으며, 통계적으로도 유의미한 차이를 보였다(t=-6.28, p<.001). 따라서 후원 교회 신도가 선교지 교회 신도보다 선교지 교회 자립을 위해 농사짓기가 필요하다고 인식하고 있음을 알 수 있다.

② 자립을 위한 농사짓기 여부에 대한 선교지 교회 신도와 후원 교회 신도의 인식

선교지 교회의 자립을 위한 농사짓기 실태에 대해 선교지 교회 신도와 후원 교회 신도들의 인식을 살펴본 결과는 〈표 34〉와 같다.

〈표 34〉 선교지 교회 자립을 위한 농사짓기 여부에 대한 선교지 교회 신도와 후원 교회 신도의 인식

구분	그렇다	아니다	계	χ2 (df)	p
선교지 교회	6 (4.3)	133 (95.7)	139 (18.0)	22.90(1)***	0.000
후원 교회	138 (21.8)	496 (78.2)	634 (82.0)		
계	144 (18.6)	629 (81.4)	773 (100.0)		

*** p<.001

〈표 34〉에서 보는 바와 같이 후원 교회 신도가 선교지 교회 신도보다

선교지 교회가 자립을 위해 농사짓기를 하고 있다고 인식하였으며, 통계적으로도 유의미한 차이를 보였다(x²=22.90,p<.001).

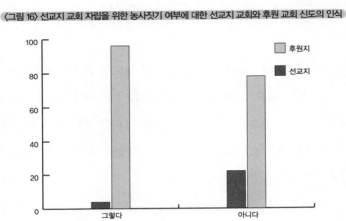

〈그림 16〉 선교지 교회 자립을 위한 농사짓기 여부에 대한 선교지 교회와 후원 교회 신도의 인식

③ 선교지 교회 자립을 위한 기타 비즈니스 필요성에 대한 선교지 교회 신도와 후원 교회 신도의 인식

선교지 교회의 자립을 위한 기타 비즈니스 필요성에 대해 선교지 교회 신도와 후원 교회 신도들의 인식을 살펴본 결과는 〈표 35〉와 같다.

〈표 35〉 선교지 교회 자립을 위한 기타 비즈니스 필요성에 대한 선교지 교회 신도와 후원 교회 신도의 인식

구분	N	Mean	SD	t	p
선교지 교회	139	3.93	0.94	2.23*	0.026
후원 교회	634	3.73	0.96		
전체	773	3.76	0.96		

* p<.05

〈표 35〉에서 보는 바와 같이 선교지 교회 신도가 후원 교회 신도보다 선교지 교회의 자립을 위해 기타 비즈니스가 필요하다고 인식하였으며, 통계적으로도 유의미한 차이를 보였다(t=2.23, p<.05). 따라서 선교지 교회 신도가 후원 교회 신도보다 선교지 교회의 자립을 위해 기타 비즈니스가 더 필요하다고 인식하고 있음을 알 수 있다.

④ 선교지 교회 자립을 위한 비즈니스 여부에 대한 선교지 교회 신도와 후원 교회 신도의 인식

선교지 교회의 자립을 위한 기타 비즈니스 실태에 대해 선교지 교회 신도와 후원 교회 신도들의 인식을 살펴본 결과는 〈표 36〉과 같다.

〈표 36〉 선교지 교회 자립을 위한 비즈니스 여부에 대한 선교지 교회 신도와 후원 교회 신도의 인식

구분	그렇다	아니다	계	x^2 (df)	p
선교지 교회	4 (2.9)	135 (97.1)	139 (18.0)	59.83(1) ***	0.000
후원 교회	229 (36.1)	405 (63.9)	634 (82.0)		
계	233 (30.1)	540 (69.9)	773 (100.0)		

*** p<.001

〈표 36〉에서 보는 바와 같이 후원 교회 신도가 선교지 교회 신도보다 선교지 교회가 자립을 위해 비즈니스를 하고 있다고 인식하였으며, 통계적으로도 유의미한 차이를 보였다(x^2=59.83,p<.001).

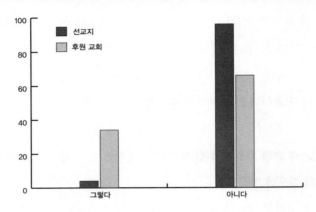

⑤ 선교지 교회 자립을 위해 필요한 점에 대한 선교지 교회 신도와 후원 교회 신도의 인식

선교지 교회의 자립을 위해 필요한 점에 대해 선교지 교회 신도와 후원 교회 신도들의 인식을 살펴본 결과는 〈표 37〉과 같다.

〈표 37〉 선교지 교회 자립을 위해 필요한 점에 대한 선교지 교회 신도와 후원 교회 신도의 인식

구분	교회 신도 수	신앙 성장 프로그램	목회자의 비전	후원 교회의 지지	기타	계	x^2(df)	p
선교지 교회	65 (46.8)	36 (25.9)	12 (8.6)	11 (7.9)	15 (10.8)	139 (18.0)	121.86 (4) ***	0.000
후원 교회	72 (11.4)	294 (46.4)	164 (25.9)	82 (12.9)	22 (3.5)	634 (82.0)		
계	137 (17.7)	330 (42.7)	176 (22.8)	93 (12.0)	37 (4.8)	773 (100.0)		

*** p〈.001

〈표 37〉에서 보는 바와 같이 선교지 교회 신도는 선교지 교회 자립을

위해 교회 신도 수가 가장 필요하다고 인식한 반면에 후원 교회 신도는

신앙을 성장시키기 위한 프로그램이 가장 필요하다고 인식하였으며,

통계적으로도 유의미한 차이를 보였다$(x^2=121.86, p<.001)$.

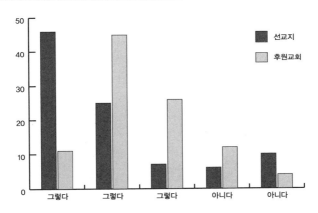

〈그림 18〉 선교지 교회 자립을 위해 필요한 점에 대한 선교지 교회 신도와 후원 교회 신도의 인식

제5장
자립선교 할 수 있다

1. 요약

선교학자 게린 밴 뤼넨은 그의 『선교학 개론』에서 이렇게 말했다. 선교의 창시자이신 하나님은 하나님의 도를 전할 사람들을 찾으셨다. 선택 받고 부름받은 사람은 선교사로서 사명을 부여받는다. 그래서 선교 사역은 하나님으로부터 나오고 그분이 선교의 원천이시다. 그러므로 선교는 하나님께서 하시는 일이며 죄에 빠진 인류와 화목하시려는 하나님의 일이다. 이 선교의 원인이 되시는 하나님께서 성령을 통하여 지속적으로 선교를 주도하고 계신다. 이 선교의 기본은 보냄(파송)이다.

예수님께서도 요한복음 6장 38-40절에서 말씀하시기를 자신은 보내심을 받고 이 세상에 오셨다. 자신의 뜻을 행하려 함이 아니요 보내신 하나님 아버지의 뜻을 행하려 함이라 말씀하셨다. 오셔서 일하실 때 가난하여 굶주리고 기진하기 직전에 있는 사람들을 만났다. 무지한 사람, 문명인, 후진성 문화에 빠져 있거나 귀신 들리고 제 정신 못 차리고 질병에 고통 받는 사람들을 만났고 그들을 긍휼 사역으로 고쳐 주시고, 가르쳐 주시고, 하나님 나라의 복음을 전해 주셨다. 선교사들도 보내심을 받고 선교지에 가면 예수님처럼 가난한 사람, 무지한 사람, 질병에 걸려 고통 받는 자들, 후진성 전통문화에 사로잡힌 자를 만난다.

이들을 긍휼 사역으로 구제해야 하고 무지한 자들에게 가르쳐 주는 교육을 해야 하고 병든 자를 치료해 주어야 하기 때문에 약과 병원이 필요하다. 이러한 문제 앞에 선 선교사는 그들에게 베풀어 줄 엄청난 재정이 필요하다.

제프리 삭스가 말한 세계은행 통계에 의하면 11억의 절대 빈곤층이 있으며, 하루에 2달러로 살아가는 중간 빈곤층이 20억이나 있으며, 변화하는 세계화, 문화, 경제의 자유시장체제에 의해 몰락하는 빈곤층은 계속 발생하는 상황이다. 이들을 불쌍히 여기는 마음으로 쉽게 해결하기 위해서 무상원조하는 식으로 모든 문제를 돈으로 해결하려는 선교사들도 있다. 이러한 재정 문제를 후원하는 교회나 선교 단체에서 보내 주는 선교비에만 의존하는 '돈 선교'로만 해결하려는 일이 있어 여러 가지 해악을 끼친다고 메이슨이 지적하였다. 이와 같은 일들이 선교지에서도 일어나고 있다. 돈만 퍼다 붓는 식의 선교가 남발되고 있다고 남정우 박사는 지적한다. 이것이 자립형 교회와 자립형 인간을 의존형 교회와 의존형 인간으로 만드는 상황이라 했다. 선교의 주인이신 하나님이 바라시는 선교는 의존형이 아니라 자립형 인간과 교회를 세우는 일이다. 이것을 자립선교라 하며 가장 바람직한 선교 모델이라 생각한다. 그 증거를 성경에서 찾을 수 있다. 하나님이 땅에서 각종 농산물과 식물들을 솟아나오라 명하셨고 사람들에게 경작하라고 하였다. 이스라엘 족장들에게 가나안 땅으로 가라고 하시면서 선교비를 보내 주지 않았다. 대신 그 땅을 기업으로 주고 거기서 산업 활동을 하라 하셨고, 이삭에게 경작하는 일에 복을 주시어 거부가 되게 하여 자립형 인간이 되게 하셨다. 이스라엘 백성들도 가나안 땅에 들어가서 주시는 땅에서 산업 활동하라(신 1:38-39) 명하셨고 말씀대로 행하라 명령하신 하나님께 주목해야 한다.

이 산업을 농업 경영학적으로 경작하여 매일 수입에다 맞추어 매일 100달러 이상 수입하는 일을 중요시해야 하고, 자유 시장경제 체제 시대에 시장성 화폐경제에 고품질 경쟁과 저가 경쟁 그리고 속도 경쟁에 맞추어 산업을 상품화(Brand)하여 부를 창출하는 산업 전략을 선교 차원에서 시행하여 부요를 이루고 풍요로우신 하나님의 뜻을 따라 자립형으로 살게 해야 한다. 이러한 이론을 성경에서 찾았고 선교학자들의 견해와 문헌에서 찾았다. 또한 역사 속에서 선교적 차원에서 실행하여 가난이 없는 나라와 사회를 만들었고 부요한 삶으로 선교한 전략들이 있다. 독일은 종교개혁 이후 경건주의를 실행하면서 예수님의 사랑을 실천하다가 돈의 필요성을 알게 되었고, 그것을 산업 활동을 하므로 경제가 개발되는 일을 하였다.

가나는 선교사들이 카카오 씨를 가지고 들어가서 초콜릿을 산업화하였다. 덴마크는 전쟁 폐허에서 그룬드비 목사에 의해 목사후보생을 기르는 코펜하겐대학 신학부에 농업을 필수과목으로 수강하게 하고, 목사들을 농촌지도자로 보내서 가난이 없는 나라로 만들었다. 이스라엘은 모샤브와 키부츠를 통해 하나님이 주신 땅을 개발하여 농업국 GNP 3만 달러의 부요한 나라를 만들었다. 한국에는 네비우스 선교 정책, 3자 원리를 시행하여 오늘의 한국 교회를 이루고 선교사 보내는 나라를 이루었다.

신명기 15장 4절에 "네가 만일 네 하나님 여호와의 말씀만 듣고 내가 오늘 네게 내리는 그 명령을 다 지켜 행하면 네 하나님 여호와께서 네게 기업으로 주신 땅에서 네가 반드시 복을 받으리니 너희 중에 가난한 자가 없으리라." 고린도후서 8장 9절에 "우리 주 예수 그리스도의 은혜를 너희가 알거니와 부요하신 이로서 너희를 위하여 가난하게 되심은 너희를 부요하게 하려 하심이라." 복음을 전하는 선교지에서 이 말씀이 그대로 이루어져야 한다. 이러한 발견된 이론을 따라 러시아 선교지에 꼼소몰스꼬에교회를 세우고 자립 농장을 세웠다. 구체적으로 비닐하우스 촉성재배로 속도 경쟁에서 신선도를 유지하며, 고품질 경쟁에 적응하는 최고의 채소를 생산하도록 하고 시장성에 적용하며 매일 100-300달러의 수입이 되도록 하였다. 이를 위해 1차 산업과 2차 산업을 하도록 기술과 종자를 제공하여 성공하게 하였다. 이것은 복음을 전해 주는 선교로 믿음으로 구원 받도록 하고 구원 받은 이후에 하나님의 말씀으로 사는 일로 생산, 판매하여 경제 소득이 풍성하게 사는 삶의 터를 만들었다. 이것이야말로 공산주의 붕괴로 절대 빈곤에 빠진 자들을 일으켜 세워 풍요로우신 하나님을 믿는 자들은 그 풍요를 누리며 살도록 하는 자립선교의 표본이라 할 수 있다. 이 일은 선교사에게 지워진 선교비의 무거운 짐과 후원하는 교회와 선교단체의 무거운 짐을 가볍게 하는 길이다.

이 두 짐을 벗고 또 선교지의 신생 교회와 선교지 교우들의 가난의 짐을 벗어던지고 자립형으로 바꿔 주는 것 또한 삶의 변화를 문화적으로 바꿔 주며 복음에 합당하게 살게 하는 사역으로 자립형 선교의 모델이 되게 하는 것이 하나님의 길이다.

2. 자립선교 할 수 있다

자립선교 할 수 있다. 그리고 반드시 해야 한다. 자립선교는 선교의 원천이시요 주인이신 하나님이 명하신 일이다. 또 본 연구를 통하여 발견한 대로 선교지 교회들이나 후원하는 교회들도 모두 자립을 원하고 있다. 꼼소몰스꼬에 자립 농장의 실험과 실행을 통하여 자립선교를 할 수 있음을 보았다. 자립선교는 불가능하다는 생각을 버리고 하나님의 명령을 따라서 땅을 경작하여 땅에서 경제를 솟아올라 오도록 하는 일로 만들어야 한다. 이것은 하나님께서 이스라엘 족장들에게 선교비 후원이 아니라 산업을 주신 뜻이며, 이를 행하여 가난을 없애고 자립형 사람으로 살게 하신 뜻이다. 이를 행하지 않으면 의존형 인간으로 빈곤에 빠지게 된다.

이러한 선교를 더 많이 연구하여 그 길을 선교사들에게 제공해 주고 이 방법대로 훈련이 된다면 선교지 사람들에게 복음과 함께 빈곤에서 건져내 주어 풍요롭게 살게 하고 풍요로우신 하나님의 은총을 받게 하여 자립하도록 하고 그 은혜를 나누어 주는 선교가 될 수 있을 것이다. 이렇게 자립선교의 길이 바로 하나님의 길임을 여기에 증언한다. 이러한 길을 여러 선교지에서 발견하여 이런 자립 농장, 1차 산업을 개발하여 토착 교회를 세우고 자립하도록 전략을 세운다면 2/3 세계 경제 개발하는 일로 선교에 중요한 전환점이 될 수 있다고 사료된다.

3. 자립선교를 위한 제언

본 연구에서 발견한 것은 자립선교하는 길이다. 그러나 더 넓고 더 많은 분야에서 연구가 필요하다는 것을 발견하였다. 필자는 러시아 카프카즈 지역과 공산주의 붕괴로 빈곤에 빠졌던 지역에서 선교하며 빈곤을 몰아내는 길인 1차 산업적인 자립 농장 개척을 실험하였고 일정 정도의 수익을 내는 일에 성공하였다. 하지만 한계점은 온 세계 지구촌의 드넓은 선교 지역에 비하면 극히 제한적이라는 점이다. 하나님이 명하신 농사 경작지가 전 세계 곳곳에 있는데 러시아의 온도와 토질과 시장성 그리고 그 문화는 극히 제한적이라 할 수 있다. 이러한 1차 산업이 열대 지방의 고온지역에서는 어떻게 온도를 내려서 해야 하는지 또는 그 지역에 적응되는 농업 경영성을 어떻게 해야 하는지 더 연구가 필요하다.

국가 경제가 발달한 선진국, GDP가 높은 지역에서는 어떤 산업이 필요한지도 연구되어야 한다. 그리고 온도가 아주 낮은 지역에서는 어떻게 해야 하고, 물이 부족한 지역이나 오지에서는 어떤 산업을 해서 경제 개발과 자립의 길이 무엇인지, 연구가 되어야 그런 지역에 선교사를 보내고 토착 교회를 세울 때 어떤 전략과 산업을 가지고 가야 할 지도 연구되어야 한다. 이러한 연구가 더 진척되어서 선교사들이 훈련을 받고 선교 전략적으로 해야 할 산업들이 무엇이고 경제개발의 인재를 길러 내는 연구가 많아지길 제언한다. 교육하는 선교지에도 덴마크에 그룬드비 목사처럼, 목사들에게 농업을 필수과목으로 가르쳐 농촌 지도자로 보낸 사례처럼, 산업의 일꾼을 키우는 콘텐츠(Contents)도 연구되어지기를 바란다. 이것은 보내는 선교사들에게 복음만 가지고 가는 것이 아니라 복음이 더 잘 전해지도록 하는 수단을 연구하여 복음과 수단을 함께 보내고 이로 인하여 복음을 듣고 구원 받는 기쁨이 있게 하고, 구원 받은 이후에 어떻게 살까? 하는 질문에 거룩하고 의롭게 살며 하나님이 명하신 산업 활동으로 가난의 고통을 몰아내고 풍요로우신 하나님과 함께 살아가는 자립형 교회와 인간을 길러 내는 선교에 연구가 더 깊이 되기를 제언한다.

만일 하나님께서 아브라함에게 산업을 주지 않고 의존형으로 살아가게 하였더라면 온 세계 민족에게 복을 받게 하는 일은 접어야 했을 것이다. 그러나 하나님은 아브라함에게 산업을 주어서 자립형인 사람 그리고 풍성하게 복음이 더 널리 전하게 하였음을 주목하면서 자립형 교회와 인간을 만드는 선교에 더 많은 연구가 있어지기를 제언한다. 그리고 이것이 새로운 선교 모델이 되기를 바란다.

참고문헌

1. 한국어 서적

강승삼 편, 「한국 교회의 새로운 도전 전방 개척 선교」, 제5회 한국 선교 지도자
　　　　국제포럼 자료집, 서울, 한선협(KWMA), 2005.

_____, 「한국 선교의 미래와 전방 개척 선교」, 서울, 한선협(KWMA),
　　　　2006.

강준민, 「뿌리깊은 영성으로 세워지는 교회」, 서울, 두란노, 2000.

권명상 외 28인 공저, 창조과학회 편, 「자연과학」, 서울, 생능출판사, 1999.

김경래 외 1인 공저, 「성서 히브리어 한글 사전」, 전주, 전주대학출판사, 1999.

김균진, 「기독교 조직신학」 제3권, 서울, 연세대학교 출판부, 1987.

김동운, 「러시아인에 대한 러시아 선교」, 서울, 한국장로교출판사, 2000.

김성태, 「세계 선교 전략사」, 서울, 생명의말씀사, 2009.

김상복, 「목회자의 리더십」, 서울, 도서출판 엠마오, 1994.

_____, 「참된 영성이란 무엇인가」, 서울, 선교횃불, 2005.

김승태, 「기독교 문화 소통과 변혁을 향하여」, 서울, 문화선교연구원, 2005.

김영환, 「지도자의 고향」, 서울, 숭문사, 1968.

김의환, 「교회사」, 서울, 세종문화사, 1995.

김종기 외 3인 공저, 「원예학개론」, 서울, 농민신문사, 2007.

김철현, 「구약신학」, 서울, 성광문화사, 1994.

김하연 외 6인 공저, 「이스라엘 연구」(제1권 1호), 서울, 한국이스라엘학회,
　　　　2009.

김희보, 「구약 이스라엘史」, 서울, 총신대학교출판부, 1981.

맹용길, 「기독교 윤리와 생활 문화」, 서울, 쿰란출판사, 1993.

_____, 「예수의 윤리」, 서울, 살림출판사, 2008.

남정우, 『선교란 무엇인가?』 서울, 쉐키나출판사, 2010.

_____, 『이야기로 푼 선교학』, 서울, 쉐키나출판사, 2012.

남재현, 『생활 습관이 병을 만든다』, 서울, 조선일보사, 2001.

류기종, 『기독교 영성』, 서울, 도서출판 엘림, 1994.

류태영, 『이스라엘 국민정신과 교육』, 서울, 이스라엘문화연구원, 1986.

문원 외 6인 공저, 『친환경 유기농업 Ⅱ』, 서울, 한국방송통신대학출판부,
                2008.

박동현, 『예언과 목회 (Ⅰ)』, 서울, 한국장로교출판사, 1993.

_____, 『예언과 목회 (Ⅱ)』, 서울, 한국장로교출판사, 1995.

_____, 『예언과 목회 (Ⅲ)』, 서울, 비블리카아카데미, 2009.

박수자, 『약속의 땅 이스라엘』, 서울, 도서출판 양서각, 1988.

방기중, 『배민수의 농촌 운동과 기독교 사상』, 서울, 연세대학교출판부, 1999.

배경식, 『경건과 신앙』, 서울, 한국장로교출판사, 2002.

서성민 편, 『명성선교사랑방 (1)』, 서울, 명성교회선교연구원, 2010.

성창환, 『경제원론』, 서울, 박영사, 1971.

손상목, 『유기농업(참 먹거리 생산의 이론과 기술)』, 서울, 향문사, 2007.

신성복, 『하나님이 주신 선물 성경과 약초』, 서울, 미네모아, 2003.

심상국 외 5인 공저, 『발효식품학』, 서울, 도서출판 진로, 2010.

심영근 외 1인 공저, 『새로 쓴 농업 경영학의 이해』, 서울, 삼경문화사, 2003.

안승오 외 1인 공저, 『현대선교학개론』, 서울, 대한기독교서회, 2008.

옥한흠, 『평신도를 깨운다』, 서울, 도서출판 국제제자훈련원, 2006.

유동식, 『예수, 바울, 요한』, 서울, 대한기독교서회, 1995.

유상현, 『바울의 제1차 선교 여행』, 서울, 대한기독교서회, 2002.

유진열, 『21세기 현대 신학』, 서울, 대한기독교서회, 2010.

윤숙자, 『굿모닝 김치』, 서울, 한림출판사, 2006.

이강석, 『문화 충격』, 서울, 도서출판 합동국제문화센터, 2008.

이길상, 『건강하게 사는 지혜』, 서울, 기독교문사, 1990.

_____, 『성서에서 본 식생활과 건강법』, 서울, 기독교문사, 1993.

이승호, 『바울의 선교와 신학』, 서울, 대한기독교서회, 2009.

이영현, 『교회의 발자취』, 서울, 대한예수교장로회 총회 교육부, 1972.

이정권, 「러시아의 자생력 있는 교회 형성을 위한 선교전략적 연구」, 서울, 한국
　　　학술정보㈜, 2007.

이종성, 『그리스도론』, 서울, 대한기독교출판사, 1984.

이후천, 『현대 선교학의 이슈들』, 서울, 대한기독교서회, 2008.

임선욱, 『비료학』, 서울, 일신사, 2006.

장중열, 『교회 성장과 선교학』, 서울, 성광문화사, 1978.

조재영 외 8인 공저, 『한국농업개론』, 서울, 향문사, 1994.

차종순, 『교회사』, 서울, 한국장로교출판사, 2003.

최종진, 『구약성서 개론』, 서울, 도서출판 소망사, 2007.

한국창조과학회 편, 『자연과학』, 서울, 생능출판사, 1999.

한홍의, 『김치, 위대한 유산』, 서울, 한울, 2006.

호석태, 『청지기를 위한 개혁주의 영성』, 서울, 갈릴리 도서출판, 2002.

홍문화, 『홍문화 박사의 건강 교실』, 서울, 청림출판사, 1988.

2. 번역 서적

Allen, Roland., 『바울의 선교 VS 우리의 선교』(*Missionary Methods st Paul's or Ours?*), 황병용 외 1인역, 서울, 한국기독학생회출판부, 2008.

Bank, Jonathan J., 『선교와 돈』(*Mission and Money*), 이후천 역, 서울, 대한기독교서회, 2010.

Carnegie, Dale., 『사람을 움직이는 기술』(*How to Win Friends and Influence People*), 이경남 역, 서울, 도서출판 문장, 2010.

Clark, Charles Allen., 『한국 교회와 네비우스 선교 정책』(*The Nevius Plan for*

Mission Work), 박용규 외 1인역, 서울, 대한기독교서회, 1994.

Coleman, Robert E., 『주님의 전도 계획』(*Master Plan of Evangelism*), 홍성철 역, 서울, 생명의 말씀사, 2011.

Conn, Harvie M., 『영원한 말씀과 변천하는 세계』(*Eternal Word and Changing Worlds*), 최정만 역, 서울, 기독교문서선교회, 1992.

Finzel, Hans., 『리더가 저지르기 쉬운 10가지 실수』(*(The) Top Ten Mistakes Leaders Make*), 조기현 역, 서울, 프리셉트, 2010.

Gates, William H., 『빌 게이츠의 생각의 속도』(*Business @ the Speed of Thought*), 안진환 역, 서울, 청림출판사, 1999.

Hall, Edward Twitchell., 『침묵의 언어』(*The Silent Language*), 최효선 역, 서울, 한길사, 2009.

Hesselgrave, David J., 『선교 커뮤니케이션스론』(*Communicating Christ Cross-Culturally*), 강승삼 역, 서울, 생명의 말씀사, 2008.

Hiebert, Paul G., 『인류학적 접근을 통한 선교 현장의 문화 이해』(*Anthropological Reflections on Missiological Issues*), 김영동, 안영권 역, 서울, 죠이선교회 출판부, 1997.

_____, 『성육신적 선교 사역』(*Incarnational Ministry*), 안영권 외 1인 번역, 서울, 기독교문서선교회, 2004.

_____, 『21세기 선교와 세계관의 변화』(*Transforming Worldviews*), 홍 병용 역, 서울, 도서출판 복있는사람, 2010.

_____, 『선교와 문화인류학』(*Anthropological Insights for Missionaries*), 김 동화 외 3인 공역, 서울, 죠이선교회, 2010.

Hoekema A. Anthony., 『개혁주의 구원론』(*Saved by Grace*), 류호준 역, 서울, 기독교문서선교회, 1990.

Huebner, Andreas., 『부요와 재물, 당신을 위한 하나님의 뜻입니다』(*Prosperity, God' Will for Your Life*), 서울, 예찬사, 2003.

Keller, Timothy J., 『가서 너도 이와 같이 하라』(*Ministries of Mercy : the Call of* the Jericho Road), 이찬규 역, 서울, 기독교연합신문사, 2007.

Kim, Min-Sun., 『인간 커뮤니케이션: 비서구적 관점』(Non-Western Perspectives on Human Communication : Implications for Theory and Practice), 박기순 외 공역, 서울, 커뮤니케이션북스, 2009.

Kraft, Charles H., 『(말씀과 문화에) 적합한 기독교』(Appropriate Christianity), 김요한 외 1인 역, 서울, 생명의말씀사, 2007.

Kraus, Hans-Joachim., 『조직신학』(Systematischer Theologie), 박재형 역, 서울, 한국신학 연구소, 1986.

Küng, Hans., 『교회란 무엇인가?』(Was Ist Kirche?), 이홍근 역, 서울, 분도출판사, 2005.

Lingenfelter, Sherwood G., 『변화하는 기독교 문화』(Transforming Culture : a Challenge for Christian Mission), 장훈태 역, 서울, 기독교문서선교회, 2009.

_____, 『문화적 갈등과 사역』(Ministering Cross-Culturally : an Incarnational Model for Personal Relationships), 왕태종 역, 서울, 죠이선교회, 2011.

Moreau, A. Scott 외 2인 공저, 『(21세기) 현대 선교학 총론』(Introducing World Missions : a Biblical, Historical, and Practical Survey), 김성욱 역, 서울, 크리스찬출판사, 2009.

Niebuhr, H. Richard., 『그리스도와 문화』(Christ and Culture), 김재준 역, 서울, 대한기독교서회, 1978.

Piper, John., 『열방을 향해 가라』(Let the Nations be Glad), 김대영 역, 서울, 도서출판 좋은 씨앗, 2010.

_____, 『하나님이 복음이다』(God is the Gospel), 전의우 역, 서울, 한국기독학생회출판부, 2010.

Pocock, Michael. Rheenen, Gailyn Van. McConnell, Douglas., 『변화하는 내일의 세계 선교』(The Changing Face of World Mission), 박영환 박종윤

전석재 김영남 역, 서울 : 도서출판 바울, 2008.

Rice, Howard., 『개혁주의 영성』(*Reformed Spirituality*), 황성철 역, 서울, 기독
교문서선교회, 1995.

Richaard, L Joseph., 『칼빈의 영성』(*The Spirituality of John Calvin*), 한국칼빈주
의 연구원 편역, 서울, 기독교문화협회, 1997.

Sachs, D. Jeffrey., 『빈곤의 종말』(*The Ended Poverty*), 김헌구 역, 서울, 21세기
북스, 2009.

Sanders, J. Oswald., 『영적 지도력』(*Spiritual Leadership*), 이동원 역, 서울, 요단
출판사, 2011.

Sanneh, Lamin., 『선교 신학의 이해』(*Translating the Message : The Missionary
Impact on Culture*), 전재옥 역, 서울, 대한기독교서회, 1993.

Stanley, Andy., 『비저니어링』(*Visioneeing*), 정연석 역, 서울, 도서출판 디모데,
2007.

Stott, John R., 『현대를 사는 그리스도인』(*The Contemporary Christian*), 한화룡
외 1인 역, 서울, 한국기독학생출판부, 1997.

_____, 『진정한 기독교』(*Authentic Christianity*), 정옥배 역, 서울, 한국
기독학생회출판부, 1997.

_____, 『현대 기독교 선교』(*Christian Mission in the Mordern World*),
김명혁 역, 서울, 성광문화사, 2004.

Tillich, Paul., 『조직신학』 제1권(*Systematic Theology vol.1*), 김경추 역, 서울, 성
광문화사, 1978.

_____, 『조직신학』 제2권(*Systematic Theology vol.2*), 김경추 역, 서울,
성광문화사, 1978.

Toffler, Alvin., 『제3의 파도』(*The Third Wave*), 김태선 외 1인공저, 서울, 홍익사,
1981.

_____, 『부의 미래』(*Revolutionary Wealth*), 김종웅 역, 서울, 청림출판
사, 2006.

Van Rheenen, Gailyn., 『선교학 개론: 성경 기초들과 현대 선교 전략』(*Missions : Biblical Foundations and Contemporary Strategies*), 홍기영 외 1인 역, 서울, 도서출판 서로사랑, 2003.

Van Til, Henry R., 『칼빈주의 문화관』(*The Calvinistic Concept of Culture*), 이근삼 역, 서울, 성암사, 1979.

Wallach, Dr Joel., 『죽은 의사는 거짓말 하지 않는다』(*Dead Docters Don't Lie!*), 박철우 역, 서울, 도서출판 꿈과 의자, 2005.

Watson, David., 『제자훈련』(*Discipleship*), 권성수 역, 서울, 기독교문서선교회, 1987.

Winter, Ralph D. Hawthorne, Steven C., 『퍼스펙티브스(Ⅰ)』(*Perspectives on the World Christian Movement*), 정옥배 외 3인번역, 경기, 도서출판 예수전도단, 2011.

_____, 『퍼스펙티브스(Ⅱ)』(*Perspectives on the World Christian Movement*), 정옥배 외 3인 공역, 경기, 도서출판 예수전도단, 2011.

3. 외국어 서적

Are, LA. *Gwynne-Jones DRG, Cacao in West-Africa*, Ibadan Oxford University Press, 1974.

Armstrong, John H. & general editor., *Coming Evangelical Crisis*, Moody Press : Chicago, U. S. A., 1996.

Bar, Raphael-El led., *Rural industrialization in Israel, Boulder and London*, Westview press, 1987.

Barna, George., *Today's pastors*, Regal Books : California, U. S. A., 1993.

Battles, Ford Lewis., *Calvin. 2, Institutes of the Christian Religion*, Westminster press : Philadelphia, U. S. A., 1967.

Berkhof, Louis., *Systematic Theology*, Banner of Truth, London, 1971.

Bavinck, J. H & Freeman, David Hugh., *An Introduction to the Science of Missions*, Baker Book House : Michigan, 1960.

Blackaby, Henry., *Experiencing Word through the Gospeles*, Broadman & Holman Publishers, U. S. A., 1999.

Chayat, Shlomit & Israeli, Sara & Kobliner, Hilla., *Hebrew From Scratch*, Academon : Jerusalem, 1990.

_____, *Hebrew From Scratch Part* Ⅱ , Academon : Jerusalem, 1990.

Davidson, Benjamin., *The Analytical Hebrew and Chaldee lexicon*, Great Britain by Robert MacLehose & co. Ltd Glasgow, 1974.

Dyck, Cornelius J., *An Introduction to Mennonite History : A Popular History of the Anabaptists and the Mennonites*, Herald Press Scottdale : Pennsylvania, 1993.

Elhannan, Eliezer., *The Founders of Rishon Le-Zion*, Catalogue Museum of Rishon Le-Zion in Israel, 2006.

Gal, John., *Kibbutz Trends, Jerusalem*, Hebrew University, 1993.

Gesenius, Willam., *Hebrew and English lexicon of the old testament*, as translated by Edward Robinson, clarendon press : Oxford, 1977.

Inbal, Shimshon., *Zack Dictionaries Hebrew-English Dictionary*. All rights reserved by S. Zack, Jerusalem, Israel.

Julien, Tom., *Antioch Revisited*. BMH books, U. S. A. 2006.

_____, IM 815, Mission Strategy, *Grace Theological Seminary*, May 23-27, 2011.

Kittel, Gerhard., *Theological Dictionary of the New Testament*, Volume Ⅵ. translated by Theologisches Worterbuch zum Neuen Testament, kohlhammer : Stuttgart, Germany., 1973.

Kittel, Gerhard & general editor., *Theological Dictionary of the New Testament*.

자립선교 할 수 있다

Volume Ⅳ, translated by Theologisches Worterbuch zum Neuen Testament, kohlhammer : Stuttgart, Germany., 1975.

L. A. Are, D. R. G. Gwynne−Jones., *Cacao in West Africa*, Ibadan Oxford University press : Ely house, London., 1974.

Lee, Sou−Young., *Calvin in Asian Churches Volume* Ⅲ, Publish for the Korea Calvin Society by Presbyterian Collage and Theological Seminary press, Seoul Korea, 2008.

Munck, Johannes & Albright, William F., *The Acts of the Apostles*, Doubleday & Company, Inc., New York, 1981.

Nitzan, Meir., *Moshav Reshon Le-Zion*, Museum of Rishon Le−Zion in Israel, 2003.

_____, *Rishon-Pictures in Time from Village to City 1882-2003*, Exhibition Catalogue Israel, 2005.

_____, *Rishon Le Zion-The First "Moshava" of the "First Aliya"*, 2006.

_____, *The Founders of Rishon Le-Zion Catalogue*, Museum of Rishon Le−Zion, Israel, 2006.

Rickerson, Wayne., *How to Help the Christian Home*, Regal Books Pub. Inc., U. S. A., 1978.

Staltter, Thomas M., DI 802, *Cultural Anthropology for Ministry*, Grace Theological Seminary, Jan, 2012.

Teevan, Dr John., *MI 611, Mission and 2/3 World Economic Dexelopment*, Grace College Theological Seminary, May 30−June 2, 2011.

Triplehorn, Dr Bruce., *MI 502, Introduction to Missiology*, Grace Theological Seminary, May 23−27, 2011.

Vivian, Silver Brody., משבות העליה הראשונה, Documentors of the Dream, Jewish Pioneer Photographers in the Land of Israel 1890−1933, Magnes Press, The Hebrew University., 1998.

Wagner, C Peter., *Praying with Power*, Regal Books : California, U. S. A., 1997.

Zilberman, Shimon., *The Up-to-Date Hebrew-English Dictionary*, published by Zilberman, Jerusalem, printed Israel., 2009.

4. 논문

마틴 브레히트, "선교: 진젠도르프와 헤른후트 형제단 공동체", 장로회신학대학교 세계선교연구원, 선교와 신학 논문, 2003. 12.

변창욱, "한국 교회의 자립선교 전통과 선교지에서의 비자립선교 형태", 제5차 세계 선교 전략 회의(NCOWE. Ⅴ) 발표논문, KWMA 한국세계선교협의회, 2010.6.30−7.3

심창근, "영성 훈련이 신앙생활에 미치는 영향에 관한 연구 논문", Grace Theological Seminary, 2011.

옥성득, "한국 장로교의 초기 선교 정책(1884−1903) 연구 논문", 보스톤대 교회사 박사 과정.

조용래, "초기 헤른후트 농촌 공업의 특징", 1996년 한국 경제학회 정기학술대회 발표논문, 중앙대학교 경제학과, 1997. 2. 14.

현문호, "프로테스탄트의 윤리와 자본주의 정신에 관한 소고", 진주전문대학논문집 제19집, 459−484, 1996.

5. 신문과 잡지

「조선일보」, 2009. 07. 08 보도

「조선일보」, 2009. 07. 13 보도

http://news.chosun.com/site/data/html.dir2009.0708.1449.
       html.2012.10.15.
「한국장로신문」, 제1320호, 2012. 05. 12 토요일
「한국기독공보」, 제2859호, 2012. 07. 21 토요일
http://kr.blog.yahoo.com/beatryhall/mybog/print.form.popup.
       html?tbid=dawtry, 2010.11.09.
http://data.worldbank.org/indicator/ny.gdp.pcap.cd, 2012.08.07.
http://cafe411.daum.net−c21/bbs−print?grpid=hgqo&mgrpid=fldid=lext&da
       ta?, 2010.11.4.

6. 백과사전

『새로 나온 국어대사전』, 서울, 민중서관, 2001.
『동아원색세계백과사전』 제16권, 서울, 동아출판사, 1987.
『세계백과대사전』 제10권, 서울, 교육도서출판사, 1990.
이희승, 『국어대사전』, 서울, 민중서관, 1978.

선교지용

〈교회 자립에 관한 설문지〉

안녕하십니까?
바쁘신 가운데도 시간을 할애해 주신 데에 대해 깊은 감사를 드립니다. 귀하의 솔직한 답변은 매우 중요한 연구 자료가 될 것이며, 설문지는 무기명으로 통계 처리되며 순수한 연구목적으로만 이용할 것을 약속드립니다.
바쁘신 중에도 설문지 답변에 도움을 주신데 대해 깊은 감사를 드립니다.

2012년 6월 연구자 이성로 드림

I. 다음은 인구통계학적 특성을 묻는 질문입니다. 해당 사항에 "✔"표 해 주십시오.

1. 귀하의 성별은?

① 남   ② 여

2. 귀하의 연령은?

① 30대   ② 40대   ③ 50대   ④ 60대   ⑤ 70대 이상

3. 귀하의 직분은?

① 목사   ② 전도사   ③ 권사   ④ 집사   ⑤ 평신도

4. 귀하의 신앙 경력은?

① 모태신앙   ② 1~5년 미만   ③ 5~10년 미만
④ 11~20년 미만   ⑤ 21~30년 미만   ⑥ 30년 이상

5. 귀 교회의 신도 수는?

① 30명 미만   ② 30~50명 미만   ③ 50~70명 미만
④ 70~100명 미만   ⑤ 100~300명 미만   ⑥ 300명 이상

Ⅱ. 다음은 교회 자립에 대한 귀하의 인식을 묻는 질문입니다. 귀하의 의견과 일치한다고 생각
  하는 곳에 "✔"표 해 주십시오.

6. 귀 교회의 자립이 필요하다고 생각하십니까?
① 매우 그렇다   ② 그렇다   ③ 보통이다
④ 그렇지 않다   ⑤ 전혀 그렇지 않다

7. 귀 교회의 자립을 어느 정도 원하십니까?
① 매우 원한다   ② 원한다   ③ 보통이다
④ 원하지 않는다   ⑤ 전혀 원하지 않는다

8. 후원 교회에서 귀 교회를 후원해 주어야 한다고 생각하십니까?
① 매우 그렇다   ② 그렇다   ③ 보통이다
④ 그렇지 않다   ⑤ 전혀 그렇지 않다

9. 후원 교회에서 귀 교회를 후원해 주어야 한다고 생각하시면
  언제까지 후원을 해 주어야 한다고 생각하십니까?
① 3년   ② 5년   ③ 10년
④ 15년   ⑤ 16년 이상

10. 귀 교회는 후원 교회로부터 후원을 받고 있습니까?
① 그렇다   ② 아니다

11. 귀 교회는 재정적으로 외부의 지원을 받고 있습니까?
① 그렇다   ② 아니다

12. 귀 교회가 자립할 비전이 있다고 생각하십니까?
① 있다   ② 없다

Ⅲ. 다음은 교회의 자립 방안을 묻는 질문입니다. 귀하의 의견과 일치한다고 생각하는 곳에 "✔"표 해 주십시오.

13. 귀 교회에서는 자립을 위해 자영업을 하고 있습니까?
① 그렇다   ② 아니다

14. 귀 교회의 자립을 위해 농사짓기(1차 산업)가 필요하다고 생각하십니까?
① 매우 그렇다   ② 그렇다   ③ 보통이다
④ 그렇지 않다   ⑤ 전혀 그렇지 않다

15. 귀 교회는 자립을 위해 농사짓기를 하고 있습니까?
① 그렇다   ② 아니다

16. 귀하는 교회의 자립을 위해 기타 비즈니스가 필요하다고 생각하십니까?
① 매우 그렇다   ② 그렇다   ③ 보통이다
④ 그렇지 않다   ⑤ 전혀 그렇지 않다

17. 귀 교회는 자립을 위해 기타 비즈니스를 하고 있습니까?
① 그렇다   ② 아니다

18. 귀 교회가 자립하기 위해 가장 필요한 점은 무엇이라고 생각하십니까?
① 교회 신도 수   ② 신장을 성장시키기 위한 프로그램
③ 목회자(전도사)의 비전   ④ 후원 교회의 지지
⑤ 기타

– 지금까지 응답해 주셔서 깊은 감사를 드립니다 –

〈교회 자립에 관한 설문지〉

안녕하십니까?
바쁘신 가운데도 시간을 할애해 주신 데에 대해 깊은 감사를 드립니다. 귀하의 솔직한 답변은 매우 중요한 연구 자료가 될 것이며, 설문지는 무기명으로 통계 처리되며 순수한 연구목적으로만 이용할 것을 약속드립니다.
바쁘신 중에도 설문지 답변에 도움을 주신데 대해 깊은 감사를 드립니다.

2012년 6월 연구자 이성로 드림

I. 다음은 인구통계학적 특성을 묻는 질문입니다. 해당 사항에 "✔"표 해 주십시오.

1. 귀하의 성별은?

① 남   ② 여

2. 귀하의 연령은?

① 30대   ② 40대   ③ 50대   ④ 60대   ⑤ 70대 이상

3. 귀하의 직분은?

① 목사   ② 전도사   ③ 권사   ④ 집사   ⑤ 평신도

4. 귀하의 신앙 경력은?

① 모태신앙   ② 1~5년 미만   ③ 5~10년 미만
④ 11~20년 미만   ⑤ 21~30년 미만   ⑥ 30년 이상

5. 귀 교회의 신도 수는?

① 100명 미만   ② 100~200명 미만   ③ 200~300명 미만
④ 300~500명 미만   ⑤ 500~1000명 미만   ⑥ 1000명 이상

II. 다음은 선교지 교회 자립을 위한 후원 실태와 그에 대한 인식을 묻는 질문입니다. 귀하의 의견과 일치한다고 생각하는 곳에 "✔"표 해 주십시오.

6. 귀 교회에서는 선교지에 몇 개의 교회를 후원하고 계십니까?

① 1개 처　　　　　② 2~3개 처　　　　　③ 4~5개 처

④ 6~9개 처　　　　⑤ 10개 처 이상

7. 귀하는 선교지 교회의 자립이 필요하다고 생각하십니까?

① 매우 그렇다　　　② 그렇다　　　　　　③ 보통이다

④ 그렇지 않다　　　⑤ 전혀 그렇지 않다

8. 귀하는 선교지 교회가 자립을 어느 정도 원하십니까?

① 매우 원한다　　　② 원한다　　　　　　③ 보통이다

④ 원하지 않는다　　⑤ 전혀 원하지 않는다

9. 귀하는 선교지 교회를 언제까지 후원하는 것이 적당하다고 생각하십니까?

① 3년　　　　　② 5년　　　　　③ 10년　　　　　④ 15년

⑤ 20년　　　　⑥ 30년　　　　　⑦ 종말까지

10. 귀 교회에서는 선교지 교회의 자립을 위해 어떤 일을 하고 계십까(해당 사항에 모두 응답해 주세요)?

① 선교원 운영　　　　　　② 농사 짓기 지도

③ 신앙 성장 프로그램 제공　④ 아동 및 청소년 학습 지도

⑤ 선교지 지원　　　　　　⑥기타

11. 귀 교회에서 후원하고 있는 선교지 교회에서는 현재 자립을 위해 농사짓기를 하고 있습니까?

① 그렇다　　　　② 아니다

12. 귀 교회에서 후원하고 있는 선교지 교회에서는 현재 자립을 위해 기타 비즈니스를 하고 있습니까?

① 그렇다   ② 아니다

Ⅲ. 다음은 선교지 교회의 자립 방안을 묻는 질문입니다. 귀하의 의견과 일치한다고 생각하는 곳에 "✔"표 해 주십시오.

13. 귀하는 선교지 교회가 자립하기 위해 농사짓기(1차 산업)가 필요하다고 생각하십니까?

① 매우 그렇다   ② 그렇다   ③ 보통이다

④ 그렇지 않다   ⑤ 전혀 그렇지 않다

14. 귀하는 선교지 교회가 자립하기 위해 기타 비즈니스가 필요하다고 생각하십니까?

① 매우 그렇다   ② 그렇다   ③ 보통이다

④ 그렇지 않다   ⑤ 전혀 그렇지 않다

15. 귀하는 선교지 교회의 자립을 위해 귀 교회의 적극적인 후원에 대해 어떻게 생각하십니까?

① 매우 찬성한다   ② 찬성한다   ③ 그저 그렇다

④ 반대한다   ⑤ 매우 반대한다

16. 귀하는 선교지 교회가 자립하기 위해 가장 필요한 점은 무엇이라고 생각하십니까?

① 교회 신도 수   ② 신앙을 성장시키기 위한 프로그램

③ 목회자(전도사)의 비전   ④ 후원 교회의 지지

⑤ 기타

– 지금까지 응답해 주셔서 깊은 감사를 드립니다 –